Jochen Dehio

Eine neue Sicht der Fußball-Welt

– Die besten Fußballzitate aller Zeiten –

Bibliografische Information der Deutschen Nationalbibliothek

Die Deutsche Nationalbibliothek verzeichnet diese Publikation in der Deutschen Nationalbibliografie; detaillierte bibliografische Daten sind im Internet über http://dnb.d-nb.de abrufbar.

Jochen Dehio, Eine neue Sicht der Fußball-Welt – Die besten Fußballzitate aller Zeiten

© 2008 Jochen Dehio

Herstellung und Verlag: Books on Demand GmbH, Norderstedt

Umschlaggestaltung: Nina Haupenthal, www.Mein-Buchcover.de

ISBN-13: 9783837071207

Ein Buch nicht nur für Fußballfans …

Über den Autor

Jochen Dehio, ein Urgroßneffe des Kunsthistorikers Georg Dehio, ist Wirtschaftsforscher, wohnhaft in Essen im Ruhrgebiet. Mit seinem ersten belletristischen Buch möchte er die Literatur zum Thema Fußball in eine neue Dimension führen. Die Legitimation als Autor eines Fußballbuchs erwarb er sich u.a. auf dem Fußballplatz. In seinem kürzlich gegründeten Blog (titanbomber.over-blog.de) ist neben Politik, Wirtschaft und Börse auch Fußball und das vorliegende Buch ein Thema.

Vorwort

In einer Welt, die geprägt ist von Wirtschafts- und Finanzkrisen, Börsenbeben und Politikversagen, sehnen sich die Menschen nach Orientierung. Das vorliegende Buch, das eine neue Sicht auf eine immer komplizierter werdende Realität gewährt, trägt dem Rechnung. Dabei bedient es sich bewusst der Fußballwelt, da Fußball ein Spiegel der Gesellschaft ist. Jeder, der dieses Buch liest und verinnerlicht, wird begreifen, dass die von ihm gefühlte Welt nicht mehr so ist, wie sie vorher war.

Zahlreichen Exponenten der weltweit führenden Sportart Fußball wird eine Plattform zur Artikulation geboten. Den Leser erwartet eine handverlesene Sammlung von 1.250 Fußballsprüchen und Fußballweisheiten. Die ausnahmslos wörtlichen Zitate stammen von 475 verschiedenen Persönlichkeiten, von denen die meisten selber »auf'm Platz« standen oder dort noch immer stehen. Man sollte die Zitate, die in alphabetischer Reihenfolge der Exponenten gegliedert sind, auf sich wirken lassen, dann eröffnet sich dem Leser eine Welt, die ihm bislang verschlossen blieb.

Das Prinzip, das bei der Auswahl der Zitate konsequent durchgezogen wurde, bestand darin, nur die wirklich außergewöhnlichen Sprüche und Weisheiten rund ums Thema Fußball in die Sammlung aufzunehmen. Dabei ist jedes einzelne Zitat »karibisch« ausgewählt worden. Dies impliziert, dass hinter dem Auswahlprozess eine ausgefeilte Philosophie steht, was dieses Buch einmalig macht und von allen bisher erschienenen einschlägigen Werken unterscheidet. Keines der aufgeführten Zitate hätte es verdient, nicht in diese Sammlung aufgenommen zu werden. Mancher mag jetzt die Ansicht vertreten, die persönliche Entscheidung des Autors, ob ein Spruch oder eine Weisheit gut oder nicht gut sei, wäre letztlich subjektiv und könnte von anderen mitunter auch anders getroffen werden. Das mag jeder so halten wie er mag. Der Autor hält es mit Otto Rehhagel: »Die Entscheidungen, die ich treffe, sind immer richtig!«

Aad de Mos

»Ich spiele weiterhin mit Risiko. Schließlich profitieren alle davon: Wir, das Publikum und auch der Gegner.«

Adi Preißler

»Grau ist alle Theorie – entscheidend is auf'm Platz.«

Ailton

»Schnell, Tor, Sieg, das Ailton.«

Alan Shearer

»Wenn man in Wembley eine große Party feiern will, dann darf man auf keinen Fall die Deutschen einladen.«

Alex Ferguson

»Wenn wir jede Woche genau so spielen wie heute, dann haben wir eine gewisse Konstanz erreicht.«

Aleksandar Ristic

»Alle Chancen ausgelassen! Dabei haben wir das im Training gar nicht geübt.«

»Ich habe absichtlich falsch ausgewechselt, damit wir nicht zu hoch gewinnen.«

»Ich hasse Pressekonferenzen: Zum Schweigen fehlen mir immer die richtigen Worte.«

»Man kann nicht gewinnen, wenn man keine Tore schießt.«

»Spieler haben Scheiße gespielt. Tut mir leid, kann ich nichts für, würde ich auch gerne anders sagen, aber Spieler haben Scheiße gespielt. Absolute Scheiße.«

»Wenn du gehen kannst, kannst du auch spielen. Wenn du nicht gehen kannst, kannst du gehen.«

»Wenn man ein 0:2 kassiert, dann ist ein 1:1 nicht mehr möglich.«

»Wenn wir kein Tor machen, können wir nicht einmal in Kaiserslautern gewinnen.«

»Wir sind genauso gut wie Osnabrück oder genauso schlecht, aber heute haben wir gezeigt, dass wir besser sind.«

Aleksander Strehmel

»Gerade in einem Spiel, in dem die Nerven blank liegen, muss man sein wahres Gesicht zeigen und die Hosen runterlassen.«

»Unsere ganz große Stärke ist es, dass wir wissen, was wir nicht können.«

Alfred Dorfer

»Die Fußball-EM in Österreich ist wie Skispringen in Namibia.«

Alfredo di Stéfano

»In Vollendung praktiziert ist Fußball eine Kunst – genau wie die Malerei.«

Andreas Brehme

»Beckenbauer hat mir beigebracht: Fehler darf man nie zugeben.«

»Bedanken möchten wir uns auch bei den Fans, auf denen wir uns immer verlassen konnten.«

»Das sind alles alte Karamellen.«

»Das Unmögliche möglich zu machen wird ein Ding der Unmöglichkeit.«

»Der Ciri ist ein ruhiger Pol.«

»Die Brasilianer sind ja auch alle technisch serviert.«

»Die Flanken von außen sind auch Roberto Carlos und Cafu denen ihre Spezialitäten.«

»Haste Scheiße am Fuß, haste Scheiße am Fuß.«

»Ich bin bärenstolz auf meine Mannschaft.«

»Ich habe gesehen, dass die Mannschaft 90 Minuten auf dem Platz war.«

»Ich komme gut an bei die Frauen.«

»Ich sage nur drei Worte: Danke Fans.«

»In der zweiten Halbzeit hat sich auch der Dings gesteigert.«

»So wie wir in der ersten Halbzeit gespielt haben, haben wir in der zweiten Halbzeit nichts verloren.«

»Uns steht ein hartes Programm ins Gesicht.«

»Von der Einstellung her stimmt die Einstellung.«

»Wenn der Mann in Schwarz pfeift, kann der Schiedsrichter auch nichts mehr machen.«

»Wenn der Schiri den Elfmeter gibt, dann hätten wir noch was zerreißen können.«

»Wir haben die Chancenverwertung nicht verwertet.«

»Wir haben mit einem Arbeitssieg das Spiel gewonnen.«

»Wir hatten viele Verletzte, aber das soll den Sieg der Freiburger in keinster Weise schmeicheln.«

»Wir waren immer überzeugt von ihn.«

»Zum Glück ist die Mannschaft nach dem Spiel besser ins Spiel gekommen.«

Andreas Goldau

»Bis zur 70. Minute haben wir ganz gut mitgehalten, aber dann haben wir die Unordnung verloren.«

Andreas Herzog

»Nein, da ist ja inzwischen Schnee über die Sache gewachsen.«

Andreas Möller

»Das ist eine Deprimierung.«

»Das ist systematisch für unsere Mannschaft.«

»Das war keine Mö ... äh, Schwalbe.«

»Einige haben von einem recht guten Spiel gesprochen. Da frage ich mich, ob ich zum Augen- oder zum Ohrenarzt muss.«

»Ich denke, dass ich auch jemand bin, den man sehr gut anfassen kann.«

»Ich denke, dass man stolz sein kann auf die Leistung von Schalke 04, wegen der Leistung.«

»Ich habe mit Erich Ribbeck telefoniert, und er hat zu mir gesagt, ich stehe für die Maltareise nicht zur Verfügung.«

»Ich hatte vom Feeling her ein gutes Gefühl.«

»Mailand oder Madrid – Hauptsache Italien.«

»Mein Name ist Möller … Andy Möller.«

»Mein Problem ist, dass ich immer sehr selbstkritisch bin, auch mir selbst gegenüber.«

»Speziell in der zweiten Halbzeit haben wir einen guten Tag erwischt.«

»Wir sind an ein Limit gekommen, wo es im Moment nicht drüber geht.«

Andreas Thom

»Trainer müssen nur alles besser wissen, aber wir Spieler müssen es besser machen.«

»Wir sind keine Beamtenfußballer oder Pillendreher und auch kein Plastikclub – wenn jemand versteht, was ich damit sagen will.«
(als Spieler von Bayer Leverkusen)

Andreas Wessels

»Wir müssen endlich mal anfangen, uns keine Torchancen zu erspielen.«

Anthony Yeboah

»Ich wollte den Ball treffen, aber der Ball war nicht da.«

»Fußball gut, alles gut.«

Arie van Lent

»Ich habe keine Spielerfrau. Ich habe eine richtige Frau.«

Aris Donzelli

»Da schießt die Russin mit ihrem schwachen rechten Fuß. Sie ist eigentlich Linkshänderin.«

Armin Veh

»Der Spruch ›Geld schießt keine Tore‹ ist doch völliger Blödsinn. Geld schießt und verhindert Tore, genau das ist der Fall.«

»Wenn man kein Tor erzielt, kann man nicht unentschieden spielen, wenn der Gegner eins macht, und schon gar nicht gewinnen.«

Arne Friedrich

»Die Freiburger waren vogelwild.«

Arnim Basche

»Kickenbacher Offers.«

Axel Kruse

»Für mich war es noch nie ein Problem, aus zwanzig Metern über die Latte zu schießen.«

Barry Venison

»Die Rumänen sind portugiesischer als die Deutschen.«

»Es hat nichts mit seiner Fähigkeit zu tun. Es liegt vielmehr an seinem Können.«

Béla Réthy

»Da wird die eigentliche Stärke zur Schwäche – das ist ja makaber.«

»Das da vorn, was aussieht wie eine Klobürste, ist Valderrama.«

»Der Oberarm gehört zur Hand.«

»Durch Bierhoffs Einwechslung hat sich nichts geändert. Im Gegenteil.«

»Foul von Andy Möller. Das ist das, was Berti Vogts gefordert hat.«

»Hertha war keineswegs nur auf die Gefährdung des eigenen Tores bedacht.«

»Jetzt kommt einer, der in der Lage ist, eins gegen eins Überzahl zu schaffen.«

»Nowotny – für mich einer von vieren, die gesetzt sind. Außer ihm noch Kahn, Bierhoff, Kirsten und Matthäus.«

»Ziege ist da umgeknickt ... scheint sich um eine Schulterverletzung zu handeln.«

Beni Thurnheer

»Das irische Publikum wird von seinen Fans ausgebuht.«

»Jetzt, Überzahl! Zwei gegen zwei!«

Benjamin Auer

»Der Kloppo ist schon eine Initiative in Mainz.«

Bernd Hölzenbein

»Unser Training war so geheim, dass wir manchmal selbst nicht zuschauen durften.«

Bernd Krauss

»Vielleicht liegt das Geheimnis unseres Erfolges darin, dass mich meine Spieler nicht verstehen.«

Bernd Schmelzer

»Ned Zelic, der immer wieder in seinen Fuß hineinhorcht.«

Bernd Schneider

»In dieser Gruppe hatten wir doch von vorneherein gar keine Chance. Ich glaube, die haben wir ganz gut genutzt.«

Bernhard Dietz

»Wie man ein Tor schießt? Man muss im richtigen Moment in geeigneter Weise vor den Ball treten.«

Bernhard Minetti

»Am Fußball interessiert mich die Absicht, gemeinsam mit einem Ball umzugehen.«

Berti Vogts

»Bei einem Sieg werden sie von der Wolke der Euphorie getragen, ja.«

»Da wir nicht voll auf Niederlage spielen, spielen wir voll auf Sieg.«

»Das Spielfeld war zu lang für Doppelpässe.«

»Die Breite an der Spitze ist dichter geworden.«

»Die Kroaten sollen ja auf alles treten, was sich bewegt – da hat unser Mittelfeld ja nichts zu befürchten.«

»Die Mannschaft ist der Star.«

»Die Realität ist anders als die Wirklichkeit.«

»Diese Siegermentalität wollen wir auch mental rüberbringen.«

»Ein Spieler wie Michael Ballack sollte sich mal selbstkritisch selber hinterfragen.«

»Es gibt nur ein Ziel: Wenigstens ein Tor mehr zu schießen als die anderen. Alles andere ist ein Zwischenbescheid.«

»Hass gehört nicht ins Stadion. Solche Gefühle soll man gemeinsam mit seiner Frau daheim im Wohnzimmer ausleben.«

»Hinten spielt die deutsche Mannschaft Mann gegen Mann.«
(zur Frauen-WM)

»Ich bin eigentlich ganz anders. Nur habe ich leider überhaupt keine Zeit dazu.«

»Ich bin mir sicher, unserer Mannschaft wird nichts passieren.«
(als Kapitän bei der WM 1978 zur Folterpraxis des argentinischen Militärregimes)

»Ich glaube, dass der Tabellenerste jederzeit den Spitzenreiter schlagen kann.«

»Ich gratuliere die Bayern.«

»Ich kenne sie vom Sehen, aber sie haben drei, vier Namen. Heißen einmal Hussein, dann Mohammed. Das ist noch ein Problem.«
(über seine Spieler bei der Nationalmannschaft von Kuwait)

»Ich will ja nicht sagen, dass der Job mich ausgesogen hat wie ein Vampir, aber selbst beim Essen daheim oder beim Zusammensein mit Freunden war ich geistig abwesend.«

»Luciano ist kein Brasilianer, er ist ein Athlet.«

»Man wirft hier Äpfel und Birnen durcheinander.«

»Meine Kritiker mögen ja alle Recht haben; ich glaube trotzdem, dass ich etwas Rechter habe.«

»Nein, ich bin nicht enteiert.«

»Schalke hat das Mittelfeld schnell überbrückt, mit schnellen, äh, Mittelfeldspielern.«

»Wenn ich das gewusst hätte, hätte ich die Aufstellung geändert.«
(zu der Feststellung, er hätte mit der Wunschelf von Paul Breitner gespielt)

»Wenn ich einmal ein Buch schreibe, dann schreibt das meine Frau.«

»Wenn ich übers Wasser laufe, dann sagen meine Kritiker, nicht mal schwimmen kann er.«

»Wenn jeder Spieler zehn Prozent von seinem Ego abgibt, haben wir einen Spieler mehr auf dem Feld.«

»Wenn wir Deutschen tanzen, und nebenan tanzen Brasilianer, dann sieht das bei uns eben aus wie bei Kühlschränken.«

»Wir haben ein Abstimmungsproblem – das müssen wir automatisieren.«

»Wir werden alle Gewissheiten bis zuletzt ausschöpfen.«

»Wir wissen alle, dass Mario nicht gesagt hat, was er gesagt hat, was er gesagt haben soll, dass er es gesagt hat.«

»Wirklich, glauben Sie mir: Ich kann weiter als nur bis zur Nasenspitze denken.«

Bill Shankley

»Manche Leute halten Fußball für eine Sache von Leben und Tod. Ich bin von dieser Einstellung sehr enttäuscht. Ich kann Ihnen versichern, es ist sehr viel wichtiger als das.«

Billy McNeill

»Schottland muss heute nicht unbedingt ein Tor erzielen, aber sie sollten gewinnen.«

Bob Marley

»Fußball bedeutet Freiheit.«

Bobby Robson

»Der Heimvorteil gibt dir einen Vorteil.«

»Die ersten 90 Minuten sind die schwersten.«

»Eines Nachts wird der Tag des Ray Wilkins kommen.«

Boris Becker

»Bochum ist zu Hause wirklich eine Heimmannschaft.«

Branco Zebec

»Warum kommt der Mann so frei zum Schuss?«
(nach dem Erwachen auf der Trainerbank beim Elfmeter des Gegners)

Brian Clough

»Brasilien ist der Favorit, wenn sie der Favorit sind, der sie sind.«

Brian Marwood

»Das ist nun das zweite Mal, dass er zwischen sich und dem Tor stand.«

»Der Ball kann überall hingehen, und das macht er meistens.«

»Es sind noch 45 Minuten zu spielen. Ich denke, das gilt für beide Mannschaften.«

Brian Moore

»Newcastle, na klar, ungeschlagen bei seinen letzten fünf Siegen.«

»Rosenborg hat 66 Spiele gewonnen, und sie haben in jedem getroffen!«

Bruno Labbadia

»Das wird doch alles von den Medien hochsterilisiert.«

Bryan Robson

»Würden wir jede Woche so spielen, wären unsere Leistungen nicht so schwankend.«

Carlos Bilardo

»Ein Trainer hat Macht, unbestritten. Und Macht ist immer schwere Verpflichtung und leichte Verführung.«

»Es gibt Zwerge, die verlangen doch glatt vom Riesen, dass er zu ihnen aufschauen möge.«

»Wenn die Presse kommt, sage ich mir: Nichtssagendes Gerede ist immer noch besser als vielsagendes Schweigen.«

Carmen Thomas

»Schalke 05.«

Carsten Fuss

»Auswärts sind die Greuther stärker als in der Fremde.«

Carsten Ramelow

»Es war gut, mit dem Publikum im Rücken gegen den Hexenkessel zu spielen.«

»Gerade zu Hause liegt unsere Heimstärke.«

»Wir sind gut gestartet, okay. Aber wir dürfen jetzt nicht nachlässig werden. Und wer sich im momentanen Erfolg sonnt, der hat schon fast verloren. Das ist eine gefährliche Gratwanderung. Jetzt klopfen uns wieder viele auf die Schulter. Aber es ist noch längst nicht alles Gold, was glänzt.« (Phrasendrescherei)

CBS-Kommentator

»Die Bulgaren spielen mit derselben Mannschaft wie 1994 in den USA. Aber die Spieler sind vier Jahre älter geworden – zumindest die meisten von ihnen.«

Campino

»Jeder sollte an irgendetwas glauben, und wenn es an Fortuna Düsseldorf ist.«

Cesar Luis Menotti

»Der Fußball hat dieselbe Funktion in der Gesellschaft wie andere Ausdrucksformen der Kunst: ein guter Film, ein gutes Lied, ein gutes Bild.«

Charlie Neumann

»Ich sehe am Himmel einen UEFA-Platz. Wenn nur unten nicht das Jammertal wäre.«

Chris Kamara

»Tore zählen nur, wenn sie im Tor waren.«

Christian Beeck

»Bei Pflipsen muss man damit rechnen, dass er Dinge macht, mit denen man nicht rechnet.«

»Wir haben mit der notwendigen fairen Brutalität gespielt.«

Christian Genau

»Die spielerischen Defizite konnten meistens mit Kampf wettgemacht werden, die kämpferische Einstellung fehlte jedoch völlig.«

Christian Wörns

»Ich kann versprechen, dass wir bis an die Kotzgrenze gehen.«

»Wenn man früh ein Tor macht, fällt natürlich vieles schwerer.«

Christian Ziege

»Ich bin davon überzeugt, dass wir die, die nicht davon überzeugt sind, davon überzeugen werden.«

»Ich bin der linke, mittlere, defensive Offensivspieler.«

»Ich werde nicht akzeptieren, dass gesagt wird: Die Mannschaft ist ein Scheißhaufen. So einfach ist es nicht. Logisch sind wir ein Scheißhaufen. Aber das ist nicht der einzige Punkt.«

Christoph Daum

»Andere erziehen ihre Kinder zweisprachig, ich beidfüßig.«

»Ausblick, Ausblick, warum denn immer einen Ausblick? Worauf denn? Vielleicht einen Ausblick auf dieses Interview hier?«

»Das Gegentor fiel zum psychologisch ungünstigsten Zeitpunkt. Aber man muss an dieser Stelle auch einmal die Frage stellen, ob es Gegentore gibt, die zu einem psychologisch günstigen Zeitpunkt fallen.«

»Ich bin kein Übermensch, auch wenn mir das keiner glaubt.«

»Im Vergleich zu den Artikeln, die sie schreiben, sind die Märchen aus tausendundeiner Nacht empirische Untersuchungen.«

»Je mehr mir die Irrealität des Fußballgeschäfts bewusst wird, desto realer sehe ich es.«

»Klar sind wir hochzufrieden, aber wir müssen den Ball flachhalten.«

»Man muss nicht immer die absolute Mehrheit hinter sich haben, manchmal reichen auch 51 Prozent.«

»Mir ist es egal, ob einer Brasilianer, Pole, Kroate, Norddeutscher oder Süddeutscher ist. Die Leistung entscheidet, nicht irgendeine Blutgruppe.«

»Sie mussten sich harte Worte gefallen lassen, die dann jedoch konsequent umgesetzt wurden.«

»Wir haben uns eine ungünstige Position für das Rückspiel erarbeitet.«

»Wir wollen uns von Spiel zu Spiel konzentrieren und die Tordifferenz verringern.«

Christoph John

»Das ist absolut sekundär, ja tertiär oder sogar quartiär.«

Ciriaco Sforza

»Ich glaube, wir haben zwei unkonzentrierte Fehler gemacht.«

Claus Reitmaier

»Lieber arbeitslos als Österreicher.«

»Was man nicht sieht, kann man nicht halten.«

»Wir waren in der 1. Halbzeit über 90 Minuten die bessere Mannschaft.«

Cveba Horvat

»Wir sind nicht richtig ins Spiel gekommen, da haben die beiden letzten Niederlagen sicher noch im Hinterkopf gesteckt. Am Anfang haben wir es zu sehr mit der Brechstange versucht und da haben wir den Gegner zu Tempogegenstößen eingeladen.« (Phrasendrescherei)

Danny Schwarz

»In den entscheidenden Momenten hat uns einfach das Pech gefehlt.«

Darius Wosz

»Alles hat gestimmt: Das Wetter war gut, die Stimmung war gut, der Platz war gut – nur wir waren schlecht.«

»Ich glaube nicht, dass ich ihn absichtlich getroffen habe.«

»Ich möchte mich nochmal bei die Leute bedanken, die hinter meinem Rücken gestanden haben.«

David Beckham

»Alex Ferguson ist der beste Trainer, den ich in dieser Liga je gehabt habe. Hm, er ist bisher mein einziger Trainer in dieser Liga. Aber er ist der beste Trainer, den ich je hatte.«

»Meine Eltern sind für mich da gewesen, seitdem ich ungefähr sieben war.«

Dennis Law

»Ryan Giggs ist kein zweiter George Best. Er ist ein zweiter Ryan Giggs.«

Der Spiegel

»Er wechselt seine Frisuren so oft wie Arminia Bielefeld die Liga, Lothar Matthäus die Freundin und Franz Beckenbauer die Meinung.«
(über David Beckham)

Desmond Morris

»Das Fußballspiel ist rituelle Jagd, stilisierter Kampf und symbolisches Geschehen.«

Detmar Cramer

»Der springende Punkt ist der Ball.«

»Die Wahrscheinlichkeit, nicht Meister zu werden, ist größer als die Wahrscheinlichkeit, dem Abstieg nicht zu entgehen.«

»Man kann den Ball bis zu einer gewissen Grenze vollkommen regieren, aber es bleibt immer ein Rest von Zufall, von Chaos, von Unberechenbarkeit.«

»Schon der Kreis ist für den Menschen ein Symbol der Vollkommenheit. Nun gibt es auch noch den Ball, die allseits runde Kugel und die ist auch noch elastisch.«

Diego Maradona

»Es war die Hand Gottes.«
(nach seinem Handspiel beim WM-Tor gegen England 1986)

Dieter Eilts

»Wir sind insgesamt so gefestigt, dass jeder die Meinung des Trainers akzeptiert.«

Dieter Hecking

»Vor der Leistung einiger Spieler muss ich wirklich den Hut zollen.«

Dieter Hildebrandt

»Dem Schiedsrichter zu widersprechen, das ist, wie wenn man in der Kirche aufsteht und eine Diskussion verlangt.«

Dieter Hoeneß

»Für mich ist Fußball ein Spiegel der Gesellschaft.«

»Wir müssen jetzt erst mal nachdenken. Nachdenken bedeutet, dass man über alles Mögliche nachdenkt.«

Dieter Krein

»Mir ist ein Ausländer, der nichts sagt, lieber als ein Deutscher, der nur Mist redet.«

Dieter Kürten

»Gerade hat der Stadionlautsprecher gesagt …«

Dieter Müller

»Es war schon immer mein Ziel, den Verein zu verschulden.«

Dieter Nuhr

»Angriff ist die beste Verteidigung? Das Spiel wird in der Abwehr gewonnen? Nein, der Sieger gewinnt das Spiel!«

»Bei der Fußball-WM habe ich mir Österreich gegen Kamerun angeschaut. Auf der einen Seite Exoten, fremde Kultur, wilde Riten – und auf der anderen Seite: Kamerun!«

»Männer haben 100 Gramm mehr Gehirn als Frauen. Da ist unter anderem die Abseitsregel drin.«

Dieter Pauly

»Ich pfeife live, nicht Zeitlupe.«

Dietmar Demuth

»Ich muss mich noch bei meinem Präsidium entschuldigen, weil wir das Saisonziel ›Klassenerhalt‹ nicht geschafft haben.«
(nach dem Aufstieg des FC St. Pauli)

»Unsere Tabellensituation hat sich über Weihnachten nicht verbessert.«

Dietmar Hartmann

»Dass er mich umgestoßen und mir damit den Ball weggenommen hat, konnt' ich grad noch verkraften, aber als er mich dann einen ›Pardon‹ nannte, habe ich die Nerven verloren und nachgetreten!«

Dirk Dufner

»Wir sind überzeugt davon, dass wir mit diesem Trainer den Nichtabstieg vermeiden.«

Dirk Lottner

»Es geht nur gegen den Klassenerhalt.«

Dirk Thiele

»Piazza wurde noch eingewechselt, aber das interessierte nur noch die Statisten.«

Dragoslav Stepanovic

»Lebbe geht weider!«
(nach einer verpassten Meisterschaft mit Eintracht Frankfurt)

»Seit sie wissen, dass man bei schlechten Laktatwerten müde sein muss, sind sie auch müde.«

Dr. Hans-Wilhelm Müller-Wohlfahrt

»Fußball ist die spannendste Vorschule für das Welttheater Leben.«

»Wegen Gyula Lorant hätte ich beinahe aufgehört. Er hat mir mal erklärt, dass man einen herausgesprungenen Meniskus am besten mit der Eckfahne wieder reinhaut.«

Eberhard Figgemeier

»Was dieses phantastische Spiel an Werbung für den Fußball gebracht hat, ist nicht wieder gutzumachen.«

Eberhard Vogel

»Ausgerechnet, wenn auf dem Platz Windstille ist, werden die meisten Warnungen in den Wind geschlagen.«

Edgar Endress

»Bisher ziehen sich die Bayern toll aus der Atmosphäre.«

Edi Finger

»I wird naaaariiiiisch.«

Edmund Stoiber

»Unterhaching ist von der gesamttechnischen Perfektion sehr kompakt.«

Eduard Geyer

»Es muss eine Kehrtwendung geben. Und die muss 360 Grad sein.«

»Meine Spieler standen heute neben ihren Füßen.«

»Vom Willen her hat die Mannschaft schon gewollt.«

»Vor allen Dingen nach vorne hatten wir wenig Chancen.«

»Wenn sich jemand dehnen will, soll er nach Dänemark fahren. Bei mir wird gelaufen.«

»Wir müssen diese elementaren Fehler abstellen. Das ist schwerer gesagt als getan.«

Egidius Braun

»Als Kind wollte ich immer Lokführer werden, jetzt bin ich Weichensteller geworden.«

»Bescheiden gewinnen, anständig verlieren.«

Egon Cordes

»Körperlich haben wir keine Probleme – physisch müssen wir was tun.«

Eike Immel

»Im Großen und Ganzen war es ein Spiel, das, wenn es anders läuft, auch anders hätte ausgehen können.«

Epouné Albert Etokoké

»Fußball verlangt Intelligenz der Füße.«

Eric Meijer

»Es ist nichts scheißer als Platz zwei.«

»Wenn du so gerne das Fähnchen schwenkst, dann such dir doch 'nen Job am Flughafen.« (zum Linienrichter)

Erich Laaser

»Das war die roteste Karte seit Erfindung dieser Einrichtung.«

Erich Ribbeck

»Bei uns wird auf dem Platz zu wenig gesprochen. Das könnte an der Kommunikation liegen.«

»Die Aufstellung weiß ich noch nicht, nur eines ist sicher, wir spielen nicht mit zwölf Mann.«

»Dies kann ein Nachteil oder ein Vorteil sein, sowohl für uns als auch für die gegnerische Mannschaft.«

»Die perfekteste Fälscherin aller Spielkonzepte ist die Wirklichkeit.«

»Es ist egal, ob ein Spieler bei Bayern München spielt oder sonstwo im Ausland.«

»Für uns wäre es besser gewesen, wenn wir heute gewonnen hätten.«

»Große Ansprüche müssen nicht unbedingt mit großen Aussprüchen groß gehalten werden.«

»Ich kann es mir als Verantwortlicher für die Mannschaft nicht erlauben, die Dinge subjektiv zu sehen. Grundsätzlich werde ich versuchen zu erkennen, ob die subjektiv geäußerten Meinungen subjektiv sind oder objektiv sind. Wenn sie subjektiv sind, dann werde ich an meinen objektiven festhalten. Wenn sie objektiv sind, werde ich überlegen und vielleicht die objektiven subjektiv geäußerten Meinungen der Spieler mit in meine objektiven einfließen lassen.«

»Ich muss mich laufend entscheiden, ob ich die richtigen oder die falschen Spieler mit zur EM nehmen soll.«

»Ich sage immer, die Tür steht offen nach beiden Seiten.«

»Konzepte sind Kokolores.«

»Lothar kennt seinen Körper am längsten, weil er der Älteste ist.«

»Muss ich das jetzt als Frage verstehen oder die Antwort so beantworten, wie Sie sie in Ihre Frage reingelegt haben? Sie haben Ihre Frage so gestellt, dass ich das Gefühl haben muss, als wenn ich das, was Sie gerade gesagt haben, vorher schon gesagt hätte. Das habe ich aber nicht gesagt. Dem was ich gesagt habe, möchte ich nichts hinzufügen.«

»Natürlich haben die beiden nicht mehr gezeigt als zu sehen war.«

»Siege sind besser als Unentschieden, und Unentschieden sind besser als Niederlagen.«

»Viele Spieler haben in dieser Saison schon drei Champions-Spiele, Champions-Spiel-League – jetzt aber: Champions-League-Spiele bestritten.«

»Wen ich in ein Spiel mitnehme, von dem verlange ich, dass er nach diesem Spiel mitgenommen aussieht.«

»Wenn ein Tor fällt, können noch mehr fallen. Aber es muss erst mal eins fallen.«

»Wenn ich mal das Ergebnis weglasse, dann ist die Bilanz sehr positiv.«

»Wir müssen damit rechnen, auch mal ein Gegentor zu bekommen.«

Ernst Dopukil

»Die Mannschaft ist keine Mannschaft.«

Ernst Fricke

»Unsere Auswärtsschwäche ist stärker geworden.«

Ernst Happel

»Ein Tag ohne Fußball ist ein verlorener Tag.«

»Jedes Spiel hat zwei Halbzeiten: eine erste und eine zweite.«

»Spezialisten des Fußballs sind nur bedingt einsetzbar. Das beunruhigt mich. Dilettanten sind überall einsetzbar. Das beruhigt mich.«

»Wenn man seiner Meinung mal richtig nachgeht, trifft man meist auf eine bessere.«

»Wir brauchen Spieler von bestimmtem Format: 80 Prozent Hirn, 20 Prozent Technik. Heute sind es oft 20 Prozent Hirn ohne Technik.«

Ernst Huberty

»Kein Tor auswärts, so kann man einfach nicht gewinnen.«

»Reck müsste öfters sein 350. Spiel machen.«

»Smith, ein Name, den man sich merken muss.«

Ernst Kuzorra

»Wenn ich nicht wusste, wohin mit dem Ball, hab ich 'n einfach reingewichst!«

Ernst Probst

»Das Wichtigste beim Fußballspiel ist der Gegner. Keiner mag ihn, aber ohne ihn geht's nicht los.«

Erwin Skela

»Wir hatten uns fest vorgenommen, kein Tor zu schießen.«

Eurosport-Kommentator

»Statistiken sind hinterhältige Begleiter. Jedenfalls, wenn man sie überinterpretiert. Zum Beispiel Slowenien … (er überlegt) … zu Slowenien habe ich gar keine Statistik, die gibt es erst seit ein paar Jahren.«

Ewald Lienen

»Das Spiel heute war ein wichtiges Spiel. Die 11 Spiele zuvor waren wichtige Spiele, das Spiel am Freitag gegen Mönchengladbach wird ein wichtiges Spiel, und die folgenden 21 Spiele werden auch wichtige Spiele. Alle Spiele sind wichtig.«

»Ich habe ihn ausgewechselt, weil ich einen anderen Spieler einwechseln wollte. Da musste ich einen auswechseln.«

»Manchmal denk' ich, was da auf meinem Hals sitzt, ist nur ein riesiger Fußball.«

»Stuttgart hat sich im Prinzip den Finger in der Nase abgebrochen.«

»Wenn du heute in die Fußgängerzone gehst, musst du aufpassen, dass nicht jeder Dritte dich anspricht und dir einen Spieler andrehen will.«

»Wir sind auf dem richtigen Weg.« (nach fünf verlorenen Spielen)

Fabio Capello

»Aus einem Esel wird nicht plötzlich ein Vollblüter.«
(über Doping im Fußball)

Fabrizio Hayer

»Ich weiß auch nicht, wo bei uns der Wurm hängt.«

Felix Magath

»Das resultiert alles daher.«

»Das Positive war, dass wir hinten zu Null gespielt haben. Das Negative war, dass wir auch vorne zu Null gespielt haben.«

»Das war europäische Weltklasse.«

»Fußball ist ein sehr kompliziertes Spiel. Man muss es einfach spielen, dann ist man erfolgreich.«

»In England putzen die Talente den Stars die Fußballschuhe. Hier putzen sie nicht einmal ihre eigenen.«

»Qualität kommt von Qual.«

»Sie machen sich Gedanken, wie sie Tore bejubeln, und keine, wie man ein Tor schießen kann.«

»Schach ist für mich neben Fußball der schönste Sport, weil es aufgrund der Figuren auch ein Mannschaftssport ist.«

»Wenn sich einer beim Schuss aufs eigene Tor verletzt, fällt mir dazu nichts mehr ein.«

»Wenn wir erfolgreich sind, verdiene ich gut. Wenn wir nicht erfolgreich sind, verdiene ich auch gut.«

Ferenc Puskás

»Kleines Geld, kleiner Fußball. Großes Geld, großer Fußball.«

Francisco Copado

»Wir haben keine Chance, aber die Chance, die wir haben, müssen wir nutzen, damit wir eine Chance haben.«

Francisco José Viegas

»In Brasilien sagt man, die portugiesische Nationalmannschaft hat keine Laster: Sie raucht nicht, sie trinkt nicht und sie spielt nicht.«

Frank Bough

»Das Tor für Norwich schoss Kevin Bond, der der Sohn seines Vaters ist.«

Frank Greiner

»Uns fallen so viele Steine, wo es gibt, von der Seele.«

Frank Pagelsdorf

»Es hat sich gezeigt, dass Haching gerade zuhause so heimstark ist.«

»Es ist uns gelungen, unsere Torgefährlichkeit im Vergleich zum letzten Jahr auszumerzen.«

»Wir werden nur noch Einzelgespräche führen, damit sich keiner verletzt.«

Frank Rost

»Kahn wird als Übermensch hingestellt, alle anderen sind Bratwürste.«

Frank Schulz

»Ich bin ein richtiger Fußballholik.«

Franz Beckenbauer

»Abseits ist, wenn der Schiedsrichter pfeift.«

»Arroganz ist die Perücke der Unwissenheit.«

»Berkant Öktan ist erst siebzehn. Wenn er Glück hat, wird er nächsten Monat achtzehn.«

»Da hat sich die deutsche Auswahl glücklicherweise qualifiziert, was nicht selbstverständlich ist, und dann wird von dieser WM keine Notiz genommen, nur weil sie in Afrika oder Südamerika stattfindet.«
(über die U20-WM in den Vereinigten Arabischen Emiraten)

»Damals hat die halbe Nation hinter dem Fernseher gestanden.«

»Das Einzige, was sich hier bewegt hat, war der Wind.«

»Das ist Weltrekord in der Türkei.«

»Der Christoph Daum, der sollte mal eine Erziehungskur machen.«

»Der Grund war nicht die Ursache, sondern der Auslöser.«

»Der Wermut des Lebens ist gar kein schlechtes Tröpflein.«

»Der Schon Bär Papa ist wirklich ein begnadeter Fußballer.«
(über Jean-Pierre Papin)

»Der Suker ist natürlich ein Stehgeiger, der rumsteht.«

»Die Schweden sind keine Holländer – das hat man ganz genau gesehen.«

»Drei Punkte ist besser als in die Hose geschissen.«

»Eine Bundesliga ohne Eintracht Frankfurt ist nicht das Gleiche.«

»Er hatte in seiner Karriere vielleicht nicht ähnliche Momente, aber
ungefähr die gleichen.« (zu einem Fehler von Oliver Kahn)

»Erfolgsrezept: flach spielen, hoch gewinnen.«

»Fragt der eine Spanner den anderen: ›Du, was machen wir heute
Nachmittag?‹ Antwortet der andere: ›Schau mer mal.‹ Ich muss Ihnen
sicher nicht weiter erläutern, dass das mein Lieblingswitz ist.«

»Geht's raus und spielt Fußball.«
(vor dem WM-Finale 1990)

»Ich bin immer noch am überlegen, welche Sportart meine Mannschaft an
diesem Abend ausgeübt hat. Fußball war's mit Sicherheit nicht.«

»Ich finde es großartig, dass sich die Frauen immer mehr vermehren in der
Bundesliga.«

»In einem Jahr hab ich mal 15 Monate durchgespielt.«

»Ja gut, am Ergebnis wird sich nicht mehr viel ändern, es sei denn, es
schießt einer ein Tor.«

»Ja gut, es gibt nur eine Möglichkeit: Sieg, Unentschieden oder Niederlage.«

»Ja, wir sollten es nach der altbewährten bayrischen Regel halten, die da besagt: Never change a winning team.«

»Je länger ich darüber nachdenke, desto definitiver stehe ich nicht zur Verfügung.«

»Kaiserslautern wird mit Sicherheit nicht ins blinde Messer laufen.«

»Man kann jedes Spiel gewinnen, man kann auch jedes Spiel verlieren.«

»Meine Interview-Devise ist immer: Fass' dich kurz, wenn du lange gelesen werden willst.«

»Nun gut, das 0:0, da war natürlich Pech dabei. Also, es waren, es, also simmer zufrieden, ich, möglicherweise, um das abzuschließen, vielleicht hat nach den 90 Minuten, wenn man alles zusammenzählt, dass vielleicht keiner den Sieg verdient hat.«

»Schau mer mal, dann sehn mer scho.«

»Wer zu neuen Ufern will, der muss erst mal ins Wasser steigen.«

»Wir hatten eigentlich keine Schase.«
(gemeint war »Chance«)

»Wir müssen uns was einfallen lassen, aber ich weiß nicht was.«

»Wir sollten nicht alles ins Korn schmeißen.«

»Wissen Sie, wer mir am meisten leid tat? Der Ball.«

»Wo kein Unkraut wächst, da gedeiht schließlich auch kein Weizen.«

Franz Böhmert

»Die Tabelle lügt nicht.«

Franz Wohlfahrt

»Mit mir in absoluter Hochform hätte es ein 0:8 gegeben.«
(zu einer 0:9-Pleite)

Fredi Bobic

»Blinde Bratwurst.«
(über den Schiedsrichter)

»Ich bin schon ziemlich intim … äh, immun dagegen geworden.«

»Man darf jetzt nicht alles so schlechtreden, wie es war.«

»Wenn die Kacke einmal am Dampfen ist, dann kommt man in einen
Negativ-Trend.«

Friedel Rausch

»Ich musste schon im Vorfeld einige Spieler ersetzen.«

»Ich sehe Licht am Himmel.«

»Ich will jetzt nicht noch zusätzlich Feuer ins Öl gießen.«

Friedhelm Funkel

»Der FC Bayern ist wirklich das Nullplusultra im deutschen Fußball.«

»Der Kopf ist von den Gedanken her nicht mehr umzusetzen.«

»Die Situation ist bedrohlich, aber nicht bedenklich.«

»Wer jetzt noch träumt, ist ein Träumer.«

»Wir dürfen nicht mehr Tore kassieren als der Gegner schießt.«

Fritz Klein

»Wenn ich Linksaußen sage, meine ich natürlich immer linker
Außenverteidiger.«

Fritz Langner

»Ihr fünf spielt jetzt vier gegen drei.«

Fritz von Thurn und Taxis

»Frankreich, der erste Anwärter auf die Titelverteidigung.«
(bei der WM 2002)

»Dammeier ist einer, der oft nah genug am Ball ist, oft aber auch nicht.«

Fritz Walter jun.

»Der Jürgen Klinsmann und ich sind schon ein tolles Trio ... ich meinte: ein Quartett.«

»Die Sanitäter haben mir sofort eine Invasion gelegt.«

Garth Crooks

»Fußball ist Fußball. Wäre das nicht so, dann wäre es nicht das Spiel, das es ist.«

Gary Francis

»Was ich in der Halbzeit erzählt habe, darf man nicht im Radio drucken.«

Gary Lineker

»Es gibt kein Dazwischen – man ist entweder gut oder schlecht. Wir waren dazwischen.«

»Fußball ist ein einfaches Spiel von 22 Leuten, die rumlaufen, den Ball spielen, und einem Schiedsrichter, der eine Reihe dummer Fehler macht, und am Ende gewinnt immer Deutschland.«

George Best

»Es wäre überraschend, wenn alle 22 Spieler am Ende noch auf dem Feld stehen würden, da einer schon herausgestellt wurde.«

»Ich habe viel von meinem Geld für Alkohol, Weiber und schnelle Autos ausgegeben ... den Rest habe ich einfach verprasst.«

Gerald Asamoah

»Da krieg' ich so den Ball und das ist ja immer mein Problem.«

Gerald Saubach

»Eins zeigt die Statistik ganz deutlich: Wenn Tirol kein Tor erzielt, haben sie immer entweder unentschieden gespielt oder verloren.«

Gerd Müller

»Ich hoffe, es wird ein Besteller.« (zu seinem Buch)

»Wenn's denkst, ist's eh zu spät.«

Gerd Rubenbauer

»Auch wenn er über links kommt, hat er nur einen rechten Fuß.«

»Da stand er auf dem falschen Fuß.«

»Die Achillesferse von Bobic ist die rechte Schulter.«

»Die Mannschaft hat ihren Libero aufgelöst – jetzt hat sie einen Mann mehr auf dem Platz.«

»Die Rudi-Rufe hat es vorher nur für Uwe Seeler gegeben.«

»Einen so harten Ellenbogen hat der in ganz Kolumbien noch nicht erlebt. Aber genaugenommen war es das Knie.«

»Endlich einer, der auch mal mit den Füßen denkt.«

»Jetzt wechselt Jamaika den Torhüter aus.«
(als der FIFA-Beauftragte eine Minute Nachspielzeit anzeigt)

»Sie spielen wechselnd alternierend.«

Gerd von Bruch

»Dass wir vielleicht in einer Sackgasse sind, ist doch nicht das Problem.
Aber die nimmt einfach kein Ende!«

Gerhard Delling

»An der Temperatur hat sich nichts geändert. Es ist noch kälter geworden.«

»Die Borussia hat ihre Transferausgaben um ein Drittel gesenkt, die Hertha
sogar um ein Siebtel.«

»Die haben den Blick für die Orte, wo man sich die Seele hängen und
baumeln lassen kann.«

»Die Luft, die nie drin war, ist raus aus dem Spiel.«

»In Ihrem Alter merken Sie gar nicht mehr, ob Ihnen jemand zuhört.«
(zu Günter Netzer, der sich beschwert, dass man ihm nie zuhört)

»Je mehr man sich verbessert, desto besser ist das.«

»Sie wurden über den Klo gelobt.«

»Wenn man ihn jetzt ins kalte Wasser schmeißt, könnte er sich die Finger
verbrennen.«

Gerhard Meyer-Vorfelder

»Ich geh' in weitesten Bereichen mit Christoph Daum einig.«

Gernot Rohr

»Zwei Schiedsrichter sind mehr als ein Schiedsrichter.«

Gianluigi Buffon

»Wir nehmen aus dem Spiel ein Gläschen, na ja, einen Tropfen Optimismus mit.«

Giovane Elber

»Die Lauterer haben versucht, Fußball zu spielen. Aber sie haben das Problem, dass sie das Fußballspielen nicht können.«

»Wir müssen von der ersten Sekunde an hellwach sein und das dann bis zur neunzigsten durchhalten.«

Giovanni Trappatoni

»Ein Trainer ist nicht ein Idiot! Ein Trainer sehen was passieren in Platz. In diese Spiel es waren zwei, drei oder vier Spieler, die waren schwach wie eine Flasche leer!«

»Es gibt nur einen Ball. Wenn der Gegner ihn hat, muss man sich fragen: Warum? Ja, warum? Und was muss man tun? Ihn sich wiederholen!«

»Fußball ist Ding, Dang, Dong. Es gibt nicht nur Ding.«

»Ich habe fertig.«

»Man darf bei Fußball nicht denken wie Beamter – 0:0 halten bis Feierabend.«

»Strunz ist zwei Jahre hier, hat gespielt zehn Spiele, isse immer verletzt. Was erlauben Struunz?«

Gottfried Weise

»Aber das sind Reaktionen, weil der Schiedsrichter das Spiel aus der Hand verloren hat.«

»Das ist nur der Anflug einer klitzekleinen Kritik.«

»Die Alarmglocken läuten leise.«

»Ein international beleckter Spieler.«

»Ein Tor mehr erzielen als man selbst bekommt ist immer noch besser als ein 1:0.«

»Er war mit allen Tricks gewaschen.«

»Man muss vorsichtig sein, weil sich eine Mannschaft mit zehn Mann schon vom Kopf her in die eigene Hälfte zurückzieht.«

»Mit einer Taktik, als wolle er die anderen einschläfern, explodiert er förmlich.«

»Österreich verliert einen Punkt, man kann sogar sagen, verliert zwei Punkte.«

»Unter Statistikern wird man sagen: Es hat schon torreichere Spiele gegeben.« (nach einem 0:0)

Graham Taylor

»Im Fußball sind Zeit und Raum das Gleiche.«

Günter Jauch

»An die Sangeskünste der Liverpooler Fans kommt in Europa höchstens die Dortmunder Westtribüne heran.«

»Für alle Zuschauer, die erst jetzt eingeschaltet haben: Das erste Tor ist schon gefallen.«
(beim Spiel Madrid gegen Dortmund, als vor dem Anpfiff ein Tor umfiel)

Günter Netzer

»Alle erwarten, dass hier ein Sieg herumspringt.«

»Bei mir wusste man immer, wo ich dran war.«

»Da haben Spieler auf dem Spielfeld gestanden, gestandene Spieler …«

»Das ist das größte Kompliment, was sich eine Mannschaft zuteil werden kann.«

»Das ist wohl eher Singen im Walde.«

»Das Leben fängt an, wo Fußball aufhört.«

»Der Argentinier lebt in Zyklen.«

»Die meisten Spiele, die 1:0 ausgingen, wurden gewonnen.«

»Die Nase ist halt eine verletzliche Stelle, und wenn man sie mit den Stollen oder der Fußspitze berührt, kommt es zu Nasenbluten.«

»Dieser Satz hat eine Wahrheit.«

»Ich hoffe, dass die deutsche Mannschaft auch in der 2. Halbzeit eine runde Leistung zeigt, das würde die Leistung abrunden.«

»Ihre Laufbereitschaft kommt nicht zum Tragen, weil sie nicht wissen wohin.«

»Im Mittelfeld gibt es eine Konservation von Spielern.«

»Ja, die Deutschen fristen ein Minimalistendasein auf dem Platz.«

»Kopfball war für mich immer so etwas Ähnliches wie Handspiel.«

»Man muss feststellen, dass der Spruch auch nicht mehr stimmt, dass der Schütze nicht selber schießen soll. Ich stelle fest, dass der Schütze sehr wohl den Elfmeter selber schießt.«

»Man muss genauso kämpfen wie die Engländer und besser spielen, dann hat man die besten Chancen, gegen sie zu tun.«

»So etwas gibt es im Fußball nicht.«
(auf die Frage, was passiert, wenn Südkorea gegen Holland gewinnt)

»Wenn der Ball im Tor ist, war das immer eine gute Maßnahme.«

»Wenn du denkst, es geht nicht mehr, kommt von irgendwo 'ne Flanke her.«

»Wunderschön, mit dem Außenspann, teilweise mit dem Vollspann.«

Günter-Peter Ploog

»Keiner ist mehr zu halten, keiner setzt sich mehr von den Stehplatzbesuchern.«

Günther Koch

»Der Ball ist im Schlafraum.«

»Man fasst sich ans Hirn, wenn man noch eins hat.«

Guido Buchwald

»Ich habe eine Oberschenkelzerrung im linken Fuß.«

»Wir haben es nicht verstanden, den Sack zuzumachen.«

»Wir schaffen es halt immer noch nicht, den Gegner auf spielerische Art und Weise auszuspielen.«

Gyula Lorant

»Der Ball ist rund. Wäre er eckig, wäre er ja ein Würfel.«

Hannes Bongartz

»Die Jungs müssen mich in der Kabine falsch verstanden haben. Ich habe von Stürmen geredet, aber die haben wohl Türmen verstanden.«

»Wir schwimmen im luftleeren Raum.«

Hans Huber

»Wieder ein Kopfball! Wieder gefährlich! Wieder weit daneben!«

Hans Krankl

»Ich habe zum Schiedsrichter gesagt: Da müssen sie entscheiden wie ein Mensch und nicht wie ein Schiedsrichter.«

»Ich muss versuchen die Mannschaft so zu formen, dass wir gleich im ersten Spiel, auf jeden Fall aber so schnell wie möglich, punkten.«

»Was da passiert is, is extremst net in Ordnung, noch amoi, das ist irregulär. Ende.«

»Wir müssen gewinnen, alles andere ist primär.«

Hans Meyer

»Es ist nicht eine Frage des Willens, sondern eine Frage des mangelnden Könnens.«

»Wir haben in der einen oder anderen Situation unsere Impotenz bewiesen.«

Hans Tilkowski

»Alle, die heute Fußball spielen dürfen, sollten Gott dafür danken.«

Hans-Joachim Rauschenbach

»Die bittere Nuss der Niederlage ist allzu schwer zu kauen.«

Hans-Peter Briegel

»Die Regeln der Vereinspolitik sind doch ganz einfach: Im Vordergrund spielt sich einer auf, aber im Hintergrund spielt sich alles ab.«

Hans-Peter Lehnhoff

»Emerson intrigiert sich immer mehr.«

Harald Juhnke

»Es gibt etwas, das mich speziell mit Fußballern verbindet: Der Trost liegt nicht selten im Prost.«

Harald Koslowski

»Das Spiel gegen Brunsbek war wirklich unansehnbar.«

»Der Barbarez ist ein Spieler, den siehst du 90 Minuten nicht, aber in der 89. Minute macht er plötzlich sein Tor.«

Harald Schmidt

»Deutschland besiegt die Amerikaner auf französischem Boden. Viele ältere Zuschauer hatten Tränen in den Augen.«

»Es ist so heiß, dass man sich auch beim Sport so wenig wie möglich bewegen soll. Das heißt: Was wir jetzt haben, ist das so genannte Mario-Basler-Wetter.«

»Golden Goal ist scheiße. Man weiß nie, ob man sich noch ein Bier holen soll.«

»Jancker zieht sich nach dem Spiel auch dann das Trikot aus, wenn er gar nicht gespielt hat.«

»Jürgen Klinsmann ist inzwischen 694 Minuten ohne Tor. Das hat vor ihm, glaube ich, nur Sepp Maier geschafft.«

»Was mir ja an Andi Brehme so imponiert, ist, dass er nicht ständig den Intelektuellen raushängen lässt.«

Harry Pleß

»Ich lobe viel, aber ich kitzle die Jungs auch unter die Gürtellinie.«

»Wie wir spielen wollten, stand ja im Grunde genommen heute in der Zeitung.«

Harry Valérien

»Große Fußballspieler sind wie Sterne. Aber meistens leuchten sie erst dann so richtig, wenn wir merken, dass sie schon untergegangen sind.«

»Auf welcher Kamera sind wir? Wosamma? Dosamma!«

Heiko Herrlich

»Unterm Strich war die Saison beschissen.«

Heiner Geisler

»Die Berühmtheit mancher Fußballer hängt mit der Dummheit ihrer Bewunderer zusammen.«

Heinrich Lübke

»Es war ein Tor. Ich habe es genau gesehen, meine Herren.«
(über das Wembley-Tor)

Heinz Erhard

»44 Beine rasen, durch die Gegend ohne Ziel, und weil sie so rasen müssen, nennt man es ein Rasenspiel. An den Seiten zwei Gestelle, je ein Spieler steht davor, hält den Ball er, ist ein Held er, hält er nicht, schreit man ›du Toooor‹.«

Heinz Lucas

»Ich persönlich teile ein Fußballspiel in zwei Hälften ein: Die eine ist die erste Halbzeit, die andere die zweite.«

Heinz Maegerlein

»Der Ball liegt ca. 22 Meter 40 vorm Tor.«

Helmut Schön

»Da gehe ich mit Ihnen ganz chlorophorm.«

»Ein Volk, das gute Fußballer hat, kann auf schlechte Politiker verzichten.«

Helmut Schulte

»Ball rund muss in Tor eckig.«

»Vor der Saison haben alle gedacht, dass wir gegen Bayern kleine Brötchen kochen müssen. Aber wie man sieht, backen die auch nur mit Wasser.«

»Wer hinten steht, hat das Pech der Glücklosen.«

Hennes Weisweiler

»Abseits is, wenn dat lange Arschloch zu spät abspielt.«
(erklärt bezugnehmend auf Günter Netzer die Abseitsregel)

»Zeige mir einen zufriedenen Zweiten, und ich zeige dir den ewigen Verlierer.«

Henry Gründler

»Untreue und Bestechlichkeit: Damit gilt Wildmoser schon jetzt als heißester Kandidat für die Nachfolge von FIFA-Präsident Sepp Blatter.«

Henry Vogt

»Yeboah blieb heute sehr blass.«

Herbert Prohaska

»Das Spiel war ausgeglichen, darum ist die Führung der Engländer verdient.«

Herbert Waas

»Wer nie zuerst an sich denkt, muss noch lange nicht alles für andere tun.«

Herbert Zimmermann

»Toni, du bist ein Fußballgott.«
(über Toni Turek)

Heribert Bruchhagen

»Keine Angst, die Eintracht gehört zu den besten 18 der Liga.«

Heribert Faßbender

»Aber vorher müssen wir uns das Tor von Wolfgang Overath mit rechts auf der Zunge zergehen lassen.«

»Bierhoff, dem letztes Wochenende gegen Lille ein Eigentor misslungen ist.«

»Da ist Leboeuf mit Petit zusammengestoßen. Da war der Ballack gar nicht beteiligt. Höchstens der Verursacher.«

»Da kommt ein Spieler der Uerdinger Mannschaft frei, aber doch ungedeckt, zum Kopfball.«

»Da singen sie: We are red, we are white, we are Danish Dynamite – wir sind rote, wir sind weiße wir sind dänische ... äh ...«

»Das ist nur noch ein planmäßiges Nach-vorne-Dreschen.«

»Das Stadion darf nicht renoviert werden, weil es unter Naturschutz steht.«

»Das war ein ziemlich schwacher Fehlpass.«

»Dem Kampf gegen unsportliches Verhalten soll ja hier der Kampf angesagt werden.«

»Die Fans rufen: ›Ohne Ballack ham wir ein Problem‹ – aber noch isser ja da.« (kommentiert die ›Ohne Holland fahrn wir zur WM‹-Gesänge beim Länderspiel Deutschland gegen Argentinien)

»Die Freistoßentfernungen kommen immer näher.«

»Die Polen darf man nicht unterschätzen. Diese Balkan-Kicker sind unberechenbar.«

»Die Saudis sind übrigens Asienmeister, obwohl das ebenso wenig Asiaten sind wie die Türken Europäer. Die Saudis haben ja gar keine Mandelaugen, wie man das von Asiaten erwartet. Das sind eher Araber als Asiaten.«

»Ein Tor muss her, soll es nach 90 Minuten nicht noch so stehen wie jetzt.«

»Es steht 0:0 nach Nicht-Toren.«

»Es steht 1:1, genauso gut könnte es umgekehrt stehen.«

»Frings mit links! Reimt sich zwar, ist aber leider nicht sein starker Fuß.«

»Fußball ist inzwischen Nummer eins in Frankreich. Handball übrigens auch.«

»Ganz klar: gesperrt, ohne den Mann spielen zu wollen.«

»Hier sehen sie den schottischen Schiedsrichter McCurry. Mein Kollege Gerd Delling hat vorhin schon eine gleichnamige Wurst verdrückt. Ich werde mir das bis nach dem Spiel verdrücken.«

»N'Abend allerseits!«

»Naja, der war ohnehin für die Auswechslung vorgesehen.« (als ein verletzter Spieler vom Platz getragen wird)

»Nicht verwandt mit dem Schlagersänger ... der heißt übrigens gar nicht so.« (über den Spieler Rebrov)

»Norwegen in Rot, die deutsche Mannschaft, das muss ich Ihnen nicht mehr sagen und da brauche ich auch gar nicht viel zu erklären, wie so oft, wie eigentlich immer, wie fast immer, in den Farben, die Sie kennen: in den weißen Trikots und den schwarzen Hosen! Aber, meine lieben Zuschauer, das wissen Sie ja sicher auch so, da muss man keine großen Worte mehr verlieren.«

»Rivaldo ist ein Super-Techniker, oh, äh, das ist ja Cafu.«

»Roberto Carlos hat Ronaldo heute fest im Griff.« (beim Finale der WM98)

»Sicher ein taktischer Wechsel.«
(über eine Einwechslung der führenden Mannschaft 20 Sekunden vor Ende der Nachspielzeit)

»Sie sollten das Spiel nicht zu früh abschalten, es kann noch schlimmer werden.«

»So, jetzt ziehen wir mal ein Fazit.«
(nach fünf gespielten Minuten)

»Tagsüber, wenn die Sonne scheint, ist es hier noch wärmer.«
(auf Teneriffa)

»Toulouse or not to lose, das ist hier die Frage. Bitte verzeihen sie mir diesen kleinen Kalauer.«

»Und jetzt skandieren die Fans wieder Türkiye, Türkiye, was so viel heißt wie Türkei, Türkei.«

»Und nun kommt auch Silvestre zu seinem ersten Debüt.«

Hermann Gerland

»Nach 20 Minuten waren zwei von denen angeschlagen. Die sind gehumpelt! Aber die sind schneller gehumpelt als wir gelaufen!«

Hermann Neuberger

»Manche Trainer sagen auf der Pressekonferenz ihre Meinung nur, weil sie zu schwach sind, sie zurückzuhalten.«

Hermann Ohletz

»Der Rückstand der Norweger ist größer geworden. Aber sie haben Boden gutgemacht.«

Holger Fach

»Abgestiegen ist man, wenn man abgestiegen ist.«

Holger Greilich

»Im Moment können wir einen Rückstand einfach nicht ummünzen.«

»Letztlich zählt das, was auf dem Platz ist, und das ist es, was zählt.«

Holger Hieronymus

»Einen Abstieg betrachte ich als die absolut falsche Lösung.«

Holger Obermann

»Und wieder ein Konter. Wieder Cha Bum. Was macht er? Wieder drüber.« (kommentiert eine Wiederholung, ohne es zu merken)

»Zwei Minuten gespielt, noch immer hohes Tempo.«

Holger Osieck

»Ich gehe als Coach stets davon aus, dass Nichtwissen durch Wissen besser zu heilen ist als durch Besserwisserei.«

Holger Stanislawski

»Das hat der Schiri wirklich super gesehen. Egal, ob es jetzt ein Elfer war oder nicht.«

Horst Bredekamp

»In keinem anderen Bereich laufen auf so kleinem Raum mit so einfachen Mitteln so elementare und zugleich hoch differenzierte Prozesse ab. Fußball ist das Theater der Welt.«

Horst Ehrmanntraut

»Zufriedenheit bedeutet Stillstand. Und Stillstand bedeutet Rückschritt.«

Horst Heldt

»Wenn ich das Wort Krise höre, krieg' ich die Krise.«

Horst Hrubesch

»Da hab ich gedacht, da tu ich ihn ihm rein in ihm sein Tor.«

»Ich sage nur ein Wort: Vielen Dank!«

»Manni Bananenflanke, ich Kopf, Tor.«

»Modern ist, wenn du gewinnst.«

»Wenn wir alle Spiele gewinnen, können wir Weltmeister werden.«
(vor der WM82)

»Wir müssen das alles nochmal Paroli laufen lassen.«

Horst Szymaniak

»Ein Drittel mehr Geld? Nee, ich will mindestens ein Viertel.«

Howard Wilkinson

»Ich glaube fest daran, dass, wenn der Gegner das erste Tor schießt, wir selber zwei schießen müssen, um zu gewinnen.«

Hubert Baumgartner

»Die Pfeife des Schiedsrichters blieb taub.«

Huub Stevens

»Aus dem Mittelfeld kam zu wenig, von hinten kam zu wenig, vorne kam auch zu wenig.«

»Die Null muss stehen.«

»Es sind Worte gefallen. Jetzt werden Taten fallen.«

»Ich bin nicht Hanswurst, ich bin die Trainer von FC Schalke.«

Ian Darke

»Geh niemals nach einem Ball, den du nur zu 50 Prozent bekommst, es sei denn, du bist dir zu 80 Prozent sicher, dass du ihn bekommst.«

Ian St. John

»Batistuta hat die meisten seiner Tore mit dem Ball erzielt.«

Ingo Anderbrügge

»Das Tor gehört zu 70 Prozent mir und zu 40 Prozent dem Wilmots.«

»Ich habe zum ersten Mal gegen eine Mannschaft mit schwarzen Trikots gespielt. Das ist ja schlimm, man denkt, da laufen lauter Schiedsrichter herum.«

Jan-Aage Fjörtoft

»Jörg Berger hätte sogar die Titanic gerettet.«

»Ob Felix Magath auch die Titanic gerettet hätte, weiß ich nicht – auf jeden Fall wären alle Überlebenden topfit gewesen.«

Jan Furtok

»Wer sich die Butter vom Brot nehmen lässt, muss Wasser saufen.«

Jan Kocian

»Der Dieter und ich, wir haben uns überlegt, dass wir von jetzt an nur noch Foul spielen, wenn es nötig ist.«

Jan Wouters

»Ich will nicht unbedingt zu einem Klub mit Traditionen, sondern zu einem mit Geld.«

Jean Löring

»Ich als Verein musste ja reagieren.«

Jean-Paul Sartre

»Bei einem Fußballspiel verkompliziert sich allerdings alles durch die Anwesenheit der gegnerischen Mannschaft.«

Jeff Strasser

»Wer mehr Tore schießt, gewinnt. Das ist brutal und kriminell.«

Jens Jeremies

»Das ist Schnee von morgen.«

»Ich weiß auch nicht, woran es liegt, dass wir immer, wenn wir führen oder zurückliegen, doch noch verlieren.«

»Wenn es einmal hart auf hart kommt, kommt es meistens ganz hart.«

Jens Lehmann

»Der Konjunktiv ist der Feind des Verlierers.«

»Eine Minute nach dem Spiel habe ich noch nicht die Intelligenz, um das Spiel zu beurteilen.«

Jens Nowotny

»Wenn man zu früh auf andere schaut, vergisst man das Wesentliche aus den Augen zu verlieren.«

Jens-Jörg Rieck

»Sie haben ja ein paar bärenlange Jungs da vorne.«

Jimmy Hartwig

»Der Rudi muss nur parzetieren von den Vereinen.«

Jimmy Hill

»David Beckham hat zwei Füße – das haben heutzutage nicht mehr viele Spieler.«

»England bringt jetzt drei frische Spieler mit drei frischen Beinen.«

»Es war keine schlechte Vorstellung, aber man kann nicht sagen, ob es gut oder schlecht war.«

»Falls England das Spiel gewinnt, haben sie mindestens ein Tor geschossen.«

»Noch sind sie im Spiel und sie versuchen weiter, wieder hineinzukommen.«

Joachim Böttcher

»Jemand sollte Jan Furtok mal die polnische Übersetzung der Memoiren Casanovas schenken, da steht nämlich drin, wie man seine Chancen nutzt!«

Joachim Philipkowski

»Wenn wir das Problem nicht in den Griff kriegen, haben wir ein Problem.«

Joachim Ringelnatz

»Ich warne euch, ihr Brüder Jahns, vor dem Gebrauch des Fußballwahns.«

Jochen Hageleit

»Er spielte ohne Tal und Fehdel.«

Jochen Osmers

»Vorsicht mit den einfachen Wahrheiten. Es gibt eigentlich auch über Fußballspiele nur eine einzige einfache Wahrheit: Die Wahrheit ist kompliziert.«

Joe Royle

»Ich beschuldige keinen Einzelnen. Ich gebe mir die Schuld.«

Jogi Löw

»Die Türken haben gezeigt, dass mit ihnen immer zu rechnen ist. Sie sind unberechenbar.«

Johan Cruyff

»Bevor ich einen Fehler mache, mache ich diesen Fehler nicht.«

»Ein Spiel zu gewinnen ist leichter, wenn man gut spielt, als wenn man schlecht spielt.«

»Fußballer von der Straße sind wichtiger als studierte Trainer.«

»Ohne Ball kann man nicht gewinnen.«

Johannes B. Kerner

»Dass er im Abseits stand, können Sie an den Streifen im Rasen erkennen, die nach FIFA-Regeln gemäht wurden.«

»Erst wollten die Engländer bei der WM unbedingt gesetzt werden, jetzt sind sie gesetzt, und zwar vor den Fernseher, nach der Vorrunde.«

»Es gibt Parallelen, die gibt es gar nicht.«

»Heute ist nicht aller Tage Abend.«

»Jetzt spielt Leverkusen zu zwölft, da Butt sein Tor verlassen hat.«

»Obwohl man sich mit Prognosen zurückhalten sollte, gehe ich jede Wette ein, dass es ein Riesenendspiel wird.«

»Und wenn Wembley die Kathedrale des Fußballs ist, dann haben die Deutschen hier heute einen kräftigen Schluck Weihwasser gesoffen, das Gesangbuch geklaut und die Kerzen ausgepustet.«

»Wie viel Franz steckt in Rudi?«

Johannes Rau

»Was ein Bundespräsident macht, wissen viele Menschen nicht. Was ein Bundestrainer zu machen hat, wissen fast alle.«

»Wie soll das denn dann heißen? Ernst-Kuzorra-seine-Frau-ihr-Stadion?« (zum Vorschlag, Fußballstadien nach Frauen zu benennen)

John Stillett

»Es gibt Spiele, die enden 0:0 oder 0:0. Dies war ein 0:0.«

John Toshak

»Am Montag nehme ich mir vor, zur nächsten Partie zehn Spieler auszuwechseln. Am Dienstag sind es sieben oder acht, am Donnerstag noch vier Spieler. Wenn es dann Samstag wird, stelle ich fest, dass ich doch wieder dieselben elf Scheißkerle einsetzen muss wie in der Vorwoche.«

»Die ganze Zeit zu gewinnen, ist nicht unbedingt gut für die Mannschaft.«

Jörg Albertz

»Natürlich ist mir ein kleiner Stein von den Schultern gefallen.«

Jörg Berger

»Dass wir heute verloren haben, ärgert mich viel mehr, als dass ich morgen Geburtstag habe.«

»Man kann wirklich nicht immer seiner eigenen Meinung sein.«

»Resignation ist der Egoismus der Schwachen.«

Jörg Dahlmann

»Iaschwilli, Kobiaschwilli, mein lieber Willi! Eine georgische Willi-Produktion.«

»Julio Cesar hat sich heute Nacht fortgepflanzt. Victoria heißt die Kleine.«

»Kirsten, ein Mann, der die hohe Chancenauswertung nutzt.«

Jörg Stiel

»Wir dürfen uns jetzt nicht selber Salz in die Augen streuen.«

Jörg Wontorra

»Die Hamburger sehen wieder Licht am Ende der Liga.«

»Ich drücke Ihnen alles Gute.«

»Schuld am schlechten Spiel der Hamburger ist die fehlende Präzisität.«

»Telefonieren Sie mit uns oder rufen Sie uns an.«

»Wenn man da so ein bisschen auf den Zungenschlag hört, die Bild würde da sehr doppeldeutig titeln: ›Assauer voll dabei‹. Das ist vielleicht auch noch ein ganz kleines Problem, das man besprechen sollte. (später) Inwieweit sollte ein Manager aufpassen, dass sein Grundnahrungsmittel nicht den ganzen Tag über flüssig ist?«

»Wichtig ist, was unterm Strich ist.«

Joschka Fischer

»Jeder Trainer ist ein designierter Ex-Trainer.«

José Antonio Camacho

»Fußball ist Fußball – ein Spiel das man gewinnen oder verlieren kann.«

Joseph S. Blatter

»Das Spiel war nicht gerade das grüne vom Ei.«

Jürgen Klinsmann

»Da sind meine Gefühle mit mir Gassi gegangen.«

»Das ist eine Mannschaft mit gut bestückten Einzelspielern.«

»Das sind die Schüsse aus der zweiten Distanz.«

»Das sind Gefühle, wo man schwer beschreiben kann.«

»Der Miro ist seit Monaten in bestechlicher Form.«

»Seine Wade ist noch nicht da, wo sie hin muss.«

Jürgen Klopp

»Ich habe Petr Ruman draußen gelassen, was sich als brillante Idee herausgestellt hat.«

»Im Spiel denken die Spieler ab und zu selbständig, und man sieht ja, was dabei rauskommt.«

Jürgen Kohler

»Das einzige Problem, wo wir haben, dass wir nicht erfolgreich spielen.«

»Wir haben im Moment das Glück nicht, aber wir arbeiten daran.«

»Zuviel Denken ist immer schlecht.«

Jürgen Röber

»Wir haben zurzeit einen Lauf, wo es nicht so läuft.«

»Wir müssen jetzt mit dem Boden auf den Füßen bleiben.«

Jürgen Sundermann

»Wenn der Trainer Erfolg hat, kann er die Spieler auch zwei Stunden lang Kopfstände machen lassen.«

Jürgen Wegmann

»Das muss man verstehen, dass er Schwierigkeiten hat, sich einzugewöhnen. Er ist die deutsche Sprache noch nicht mächtig.«

»Ich habe immer gesagt, dass ich niemals nach Österreich wechseln würde.«
(auf die Frage, ob er zum FC Basel wechselt)

»Zuerst hatten wir kein Glück, und dann kam auch noch Pech dazu.«

Jupp Derwall

»Es gibt Jobs, da fallen die Leute die Treppe hinauf. Wir stolpern meist über Treppen, die es gar nicht gibt.«

»Man muss im Leben mehrmals seinen Zeitgeist aufgeben, um am Leben zu bleiben.«

Jupp Heynckes

»Fußballer sind schöpferische Wesen. Die erschließen sich ständig neue Gebiete, auf denen sie Fehler machen können.«

»Vor der Saison hat man mir mitgeteilt, dass wir vorne gut bestückt sind.«

Juri Schlünz

»Der Schiedsrichter hat nach allen Regeln der Kunst die Entscheidungen ausgelegt.«

Karl-Heinz Feldkamp

»Klug wird man als Trainer hinterher, aber klüger ist man meistens vorher.«

»Wenn das Wasser kochen soll, muss man Feuer machen.«

Karl-Heinz Körbel

»Den größten Fehler, den wir jetzt machen könnten, wäre, die Schuld beim Trainer zu suchen.«
(als Trainer von Eintracht Frankfurt)

»Die Eintracht ist vom Pech begünstigt.«

»Wir haben heute nur eine Chance mit der vollen Unterstützung des Schi … äh, der Zuschauer.«

Karl-Heinz Riedle

»Die Iren haben im Moment etwas Hochwasser.«

»Es war eine lange, kraftraubende Saison und ich werde mich erst mal regen … regener … – ich fahr' erst mal in Urlaub.«

Karl-Heinz Rummenigge

»Bei Gomez ist die Quantität an Qualität an Toren hoch.«

»Das war nicht ganz unrisikovoll.«

»Der Wechsel von Lukas Podolski ist ad acta gelegt. Die Meldungen sind eine reine Ente.«

»Die Flugbahn des Balles beschreibt eine Epilepse.«

»Die Mannschaft ist die Kuh, die Milch gibt, daher müssen wir sie gut füttern.«

»Eine gefährliche Parabole aufs Tor.«

»Es wird sicherlich auch einmal ein Jahr geben, in dem Bayern München nicht Deutscher Meister wird.«

»Fußball ist barfuß möglich, aber nicht ohne Ball.«

»Fußball ist ein kapitalistisches System.«

»In der Mitte, da sind sie vierbeinig.«

»In letzter Konsequenz waren wir nicht konsequent genug.«

»Ja, der Andi Brehme, der hat einen rechten und einen linken Fuß.«

»Riedle muss man nur füttern. Dann kommt irgendetwas dabei raus.«

»So bleibt es aus unserer Sicht gesehen beim 0:0.«

»St. Pauli hat uns unsere Grenzen aufgezeigt.«

»Uli Hoeneß und Lothar Matthäus haben wieder normalen Verkehr miteinander gehabt.«

»Viele können nicht unterscheiden zwischen Viererkette und Fahrradkette.«

»Wenn man über rechts kommt, muss die hintere Mitte links wandern, da es sonst vorn Einbrüche gibt.«

»Wir haben uns nicht gerade mit Lorbeeren beklackert.«

»Wir wollen unseren Aufwärtstrend positiv gestalten … nach oben!«

»Zwölf meiner zehn Tore habe ich im Vorjahr aus der Linksaußenposition geschossen.«

Karl-Heinz Thielen

»Wenn hier nicht bald was geschieht, passiert was!«

Karl-Heinz Wildmoser

»Unsere Siegchance gegen Dortmund ist etwa genauso groß wie die Chance, dass ich eine Frau auf einer Insel finde, auf der es nur Männer gibt.«

»Wir hatten ein bisserl Pech. Das kommt, wenn man kein Glück hat.«

Kevin Keegan

»Der Ersatzspieler kommt gleich rein – es handelt sich um einen Spieler, der nicht in der Anfangsformation stand.«

»Ich habe mich mein ganzes Leben lang für Pferderennen interessiert, ja, eigentlich sogar schon länger.«

»Ich weiß, was um die Ecke passiert, ich weiß nur nicht, wo die Ecke ist.«

»Torhüter werden heutzutage nicht geboren, bevor sie ihre späten 20er oder ihre 30er erreicht haben.«

»Wenn sie nicht aufpassen, werden die 33- oder 34-Jährigen bei der nächsten Weltmeisterschaft 36 oder 37 sein.«

Klaus Allofs

»Gegen uns hätten wir auch gewonnen.«

»Jetzt müssen wir dem Vorsprung schon wieder hinterher laufen.«

Klaus Augenthaler

»Egal, wie man es macht, man macht es verkehrt, also machen wir es richtig.«

»Man soll nicht gleich ins Extrem verfallen und aus dem Elefanten eine Mücke machen.«

»Von Beckenbauer habe ich sehr viel gelernt. Vor allem, dass es eigentlich egal ist, was ich gestern gesagt habe.«

»Wenn der Kopf nicht da ist, sondern nur eine Hülle, dann ist es egal, ob du mit einer Viererkette spielst oder einer Schneekette.«

»Wir arbeiten uns in der Tabelle kontinuierlich nach hinten.«

»Wir haben ganz schwach begonnen und dann ganz stark nachgelassen.«

»Wir leben alle auf dieser Erde, aber eben auf verschiedenen Spielhälften.«

Klaus Fischer

»Ich war schon fünfmal Tor des Monats.«

Klaus Hartmann

»Zurzeit leben wir in einem Rückschlag.«

Klaus Hilpert

»Wir haben die Mannschaft ganz karibisch zusammengestellt.«

Klaus Lohmann

»Nein, nicht der Bessere soll gewinnen, sondern Schalke.«

Klaus Lufen

»Auch größenmäßig ist es der größte Nachteil, dass die Torhüter in Japan nicht die allergrößten sind.«

Klaus Sammer

»Ist es Ihnen denn noch nie passiert, dass sie neunmal klug und einmal dumm waren?«

Klaus Schwarze

»Saarbrücken bezwang Freiburg mit 1:1.«

Klaus Täuber

»Es wird langsam Zeit, dass wir Köpfe mit Nägeln machen.«

Klaus Toppmöller

»Aus der Ferne betrachtet ist es alles nur eine Frage der Distanz.«

»Bye bye Bayern!«

»Ein Frühling macht noch keinen Sommer.«

»Erfolg tut nur der haben, der hart arbeiten tut.«

»Ich kann nur mit den Mädchen tanzen, die auf der Kirmes sind.«

»Ich musste meine Jungs ins kalte Feuer werfen.«

»Wir sind zu stark, um da unten wieder rauszukommen.«

Klaus Schlappner

»Ab und zu muss man schon mit zwei Zungen reden, damit man sich die eine nicht verbrennt.«

»Der Zweck heiligt zwar manchmal die Mittel, aber nicht die Mittelmäßigkeit.«

»Geld allein macht nicht glücklich. Aber glücklich allein macht eben auch nicht Geld.«

Klaus-Dieter Wollitz

»Grundsätzlich ist es so, dass andere Mannschaften von den Möglichkeiten her mehr Möglichkeiten haben.«

»Was ist denn mehr?«
(auf die Frage, ob er sein Gehalt brutto oder netto haben wolle)

Lawrie McMenemy

»Wenn du 4:0 führst, kannst du nicht mehr 1:7 verlieren.«

Lorenz-Günther Köstner

»In einer toten Mannschaft ist einfach kein Leben mehr drin.«

»Gut, in dieser Szene hat er sich debütieren lassen.«

»Wir haben fehlende Cleverness vermissen lassen.«

»Wir sind doch schon wieder abgestiegen worden.«

Lothar Emmerich

»Gib mich die Kirsche.«

Lothar Matthäus

»Das Chancenplus war ausgeglichen.«

»Das finde ich nicht gut, dass jetzt alle auf der Lolita herumreiten.«

»Das ist das erste Interview, wo sie macht.«
(über Maren Müller-Wohlfahrt)

»Das sind natürlich Fouls, wo wir auch als Spieler nicht gerne sehen.«

»Der Schuh weiß am besten, wo ihn der Fuß drückt.«

»Die biologische Uhr tickt und geht auch an mir nicht vorbei.«

»Die Frauen haben sich entwickelt in den letzten Jahren. Sie stehen nicht
mehr zufrieden am Herd, waschen Wäsche und passen aufs Kind auf.
Männer müssen das akzeptieren.«

»Die Leute, wo das gesagt hat, …«

»Ein Lothar Matthäus braucht keine dritte Person,
er kommt sehr gut allein zurecht.«
(auf die Frage, ob er auch in Zukunft von sich in der dritten Person rede)

»Ein Lothar Matthäus hat es nicht nötig,
von sich in der dritten Person zu sprechen.«
(auf die Frage, warum er von sich meist in der dritten Person rede)

»Ein Lothar Matthäus kann es sich nicht leisten, sich zu blamieren.«

»Ein Lothar Matthäus lässt sich nicht von seinem Körper besiegen, ein
Lothar Matthäus entscheidet selbst über sein Schicksal.«

»Ein Lothar Matthäus spricht kein Französisch.«

»Ein Wort gab das andere – wir hatten uns nichts zu sagen.«

»Es ist wichtig, dass man neunzig Minuten mit voller Konzentration an das
nächste Spiel denkt.«

»Gewollt hab ich schon gemocht, aber gedurft ham sie mich nicht
gelassen!«

»Hoffentlich gelingt es mir, die Mannschaft aus ihrer Ekstase zu holen.«

»I hope, we have a little bit lucky.«

»I look not back, I look in front.«

»I'm a German record-player.«

»Ich bin alt genug als Bundestrainer.«

»Ich brauch ja gar nicht in den Pass schauen, ich brauch ja nur in die Zeitung schauen, um zu wissen, wie alt ich bin.«

»Ich glaub', Wildmoser ist ein Mensch, der wo hält, was er sagt.«

»Ich glaube schon, dass ich in manchen Situationen schlagfertig bin. Schlagfertigkeit heißt, sofort das zu antworten, was ein Schlauberger hinterher gern hätte gesagt haben will.«

»Ich hab gleich gemerkt, das ist ein Druckschmerz, wenn man drauf drückt.«

»Ich, was meine Person betrifft, entscheide für mich alleine.«

»Ja, der Rücken ist die Achillesferse des Körpers.«

»Jeder, der mich kennt und der mich reden gehört hat, weiß genau, dass ich bald Englisch in sechs oder auch schon in vier Wochen so gut spreche und Interviews geben kann, die jeder Deutsche versteht.«

»Jens Jeremies erinnert mich an den jungen Lothar Matthäus.«

»Jürgen ist ein Weltmann, ja? Jürgen ist im Endeffekt, eigentlich, ja, ich würd' sagen so ein Gegenpool zu mir.« (über Jürgen Klinsmann)

»Man sollte die Presse nicht wichtiger machen, wie sie wichtig gemacht wird.«

»Manche Spieler reden zu viel und denken zu wenig.«

»Manchmal spreche ich zu viel.«

»Schiedsrichter kommt für mich nicht in Frage, schon eher etwas, das mit Fußball zu tun hat.«

»Toppmöller hat aus Bochum eine Mannschaft geformt, wo die Bundesliga Respekt hat.«

»Wenn du tief im Leistungsloch hängst, holt dich nicht mal die Bergrettung raus.«

»Wir dürfen jetzt nur nicht den Sand in den Kopf stecken.«

»Wir sind eine gut intrigierte Truppe.«

»Wir waren natürlich froh, das Finale verloren zu haben.«
(nach dem Finale der WM90)

Lou Richter

»Wenn sie beim Zuschauen dieser Sendung halb so viel Spaß hatten wie wir, dann hatten wir doppelt so viel Spaß wie sie.«

Lukas Podolski

»Die Köpfe müssen jetzt hochgekrempelt werden – und die Ärmel auch.«

»Fußball ist wie Schach – nur ohne Würfel.«

»Nein, ich denke nicht vor dem Tor, das mache ich nie.«

»So ist Fußball. Manchmal gewinnt der Bessere.«

Maik Franz

»3 mal 3 ist 6. Eigentlich wollte ich die 6 haben, aber die war schon besetzt.« (auf die Frage, was ihm die Rückennummer 33 bedeute)

Malcolm Allison

»Wir haben sehr viel Arbeit in diese Niederlage gesteckt.«

Manfred Breuckmann

»Skripnik, jetzt an der eigenen Mittellinie.«

»Und nun ein Einwurf. Nein, ein Eckball. Nein, ein Einball.«

Manfred Kaltz

»Ich würde mich selbst als sehr bodenbeständigen Spieler bezeichnen. (Nachfrage des Moderators, ob er nicht bodenständig meine). Ja, bodenbeständig, so würde ich mich charakterisieren. (erneute Nachfrage, was er damit meine). Das bedeutet, dass ich nach dem Wechsel nach Bordeaux wieder zum HSV zurückgekehrt bin. Das ist eben dieses Bodenbeständige an mir.«

Manfred Krafft

»Meine Mannschaft ist 15- oder 16mal ins Abseits gerannt. Das haben wir auch die ganze Woche geübt.«

Manfred Rommel

»Der Fußball ist ein unter hohem Druck stehender, mit einer dicken Haut umschlossener Leerraum, der ständig mit Füßen getreten wird und der breite Volksschichten davon abhält, ihre Leidenschaft auf die Politik zu richten.«

»Die Stadt wird alles für den VfB Stuttgart tun. Vorausgesetzt, es kostet kein Geld.«

Manfred Schwabl

»Wenn's lafft, dann lafft's. Wenn net, dann net. Aber bei uns lafft's.«

Marc Draper

»Ich würde gerne für einen italienischen Verein spielen – Barcelona zum Beispiel.«

Marc van Bommel

»Das gibt – wie heißt das in Deutschland? Hähnchenfell? Gänsehaut?«

Marcel Koller

»Wir haben die Zweikämpfe nicht angenommen, wir standen viel zu weit
weg.«

Marcel Reif

»Auch ohne Matthias Sammer hat die deutsche Mannschaft bewiesen, dass
sie in der Lage ist, ihn zu ersetzen.«

»Ciriaco Sforza ist am Ende, aber am Anfang war er heute auch noch
nicht.«

»Das muss doch ein Ansporn für Jugendspieler sein, wenn man beidfüßig
schießen kann, dann hat man 50 Prozent mehr Möglichkeiten … oder sind
es gar 100?«

»Das war eine halbe dicke Chance.«

»Der linke Fuß ist seiner, der rechte nicht.«

»Die Schotten mit dem Brustring auf der Hose.«

»Die Spieler von Ghana erkennen Sie an den gelben Stutzen.«

»Die Stille hier ist mit Händen zu greifen.«

»Ein Tor würde dem Spiel gut tun.«
(beim Spiel Madrid gegen Dortmund, als vor dem Anpfiff ein Tor umfiel)

»Je länger das Spiel dauert, desto weniger Zeit bleibt.«

»Meine Damen und Herren, ich kann sie beruhigen. Am Spielstand hat sich
in der Pause nichts geändert.«

»Olaf Marshall ist ein spielender Mittelstürmer.«

»Panucci tut überhaupt nichts, und was er tut, tut er falsch.«

»Wenn die Hamburger jetzt in der Abwehr gut stehen und kein Tor mehr
zulassen, werden sie auf jeden Fall nicht mehr verlieren.«
(beim Stand von 1:0 für den HSV)

Marco Rehmer

»Wir sind hierher gefahren und haben gesagt: Okay, wenn wir verlieren, fahren wir wieder nach Hause.«

Marco Reich

»Ich bin wohl der Einzige, der sich auf den Euro freut: Jetzt bin ich nur noch der 3-Millionen-Euro-Fehleinkauf!«

Mario Basler

»Das habe ich ihm dann auch verbal gesagt.«

»Der Jäggi ist ja gerade für mich ein graues Tuch.«

»Ich bin wieder derjenige, der wo alles ausbaden muss.«

»Ich grüße meine Mama, meinen Papa und ganz besonders meine Eltern.«

»Ich lerne nicht extra Französisch für Spieler, wo diese Sprache nicht mächtig sind.«

»Im ersten Moment war ich nicht nur glücklich, ein Tor geschossen zu haben, sondern auch, dass der Ball reinging.«

»Jede Seite hat zwei Medaillen.«

»Man braucht zwischen Verein und Mannschaft jemanden, der auch mal mit dem Hammer auf den Tisch haut.«

»Man sollte nicht Sachen aufwirbeln, die Jahrhunderte zurückliegen.« (über den jugoslawischen Bürgerkrieg)

»Wir haben eine einzige Katastrophe geleistet.«

»Wir haben zwei eigene individuelle Fehler bei den Toren gemacht.«

Mario Gomez

»Wir müssen einfach nur eines verinnerlichen: Wir müssen von Spiel zu Spiel denken.«

Mario Stieglmair

»Wir sind ein bisschen überglücklich.«

Markus Höhner

»Das riecht nach Verlängerung.«

»Glück für Golz, Ball am Holz. Aluminium hätte sich hier nicht gereimt.«

»Köln begann ohne Linie und verlor sie dann ganz.«

»Und Sie sehen ja, die Nürnberger spielen gerade mit nur noch zehn Feldspielern.«

Markus Lindemann

»In das taktische Konzept von Lorenz-Günther Köstner passt dieser Rückstand meiner Meinung nach nicht.«

Markus Lotter

»Natürlich weiß ich, was Abseits ist. Ich habe ja ein ganzes Jahr dringestanden.«

Markus Merk

»Ich kann nicht sagen, es war nur ein bisschen Elfmeter. Für mich gibt es kein Grau, sondern nur Schwarz oder Weiß.«

Markus Osthoff

»An meinen vielen gelben Karten sind nur die Schiedsrichter schuld. Da bin ich ganz selbstkritisch.«

Martin Andermatt

»Man kann zwar schlecht spielen, aber nicht schlecht kämpfen.«

Martin Richter

»Jogi Löw legt noch nicht die Karte aus dem Sack.«

Martin Spanring

»Ohne meinen Kopf würde ich Verbandsliga spielen.«

Martin Wagner

»Es wird jetzt viel versucht, von außen zu interpretieren nach innen.«

»Wir werden die Spitze mit Messer und Gabel verteidigen.«

Matthias Dworschak

»Das hier ist sicher der Tiefpunkt, wobei es ein bisschen tiefer als der Tiefpunkt ist.«

Matthias Sammer

»Das nächste Spiel ist immer das nächste.«

»Die Einstellung ist wichtiger als die Aufstellung.«

»Mir ist ein geschmackloser Sieg lieber als eine rauschende Niederlage.«

»Statistiken, Statistiken, für Statistiken habe ich mich schon früher nicht interessiert. Statistiken sind dafür da, um gebrochen zu werden.«

Matthias Stach

»Wie wir hören, hören wir nichts, aber immerhin sehen wir's.«

Max Merkel

»Der Österreicher glaubt mit 18, er sei Pelé. Mit 20 glaubt er, er sei Beckenbauer. Und mit 24 merkt er, dass er Österreicher ist.«

»Eine Straßenbahn hat mehr Anhänger als Uerdingen.«

»Im Training habe ich mal die Alkoholiker meiner Mannschaft gegen die Antialkoholiker spielen lassen. Die Alkoholiker gewannen 7:1. Da war's mir wurscht. Da hab i g'sagt: Sauft's weiter.«

»Wenn der Kaiser spricht, legen sogar die Engel ihre Harfen nieder.«

Mehmet Scholl

»Die schönsten Tore sind diejenigen, bei denen der Ball schön flach oben rein geht.«

»Ich fliege irgendwo in den Süden – vielleicht nach Kanada oder so.«

»Ich kann nicht sagen, dass ich es nicht gesagt habe, weil ich es gesagt habe.«

»Meine Unbekümmertheit wandelte sich in kontrollierte Spontanität.«

Michael A. Roth

»Cacau ist einer unserer erfolgreichsten Stürmer – auch wenn das nicht viel heißen mag.«

Michael Allers

»Das Spiel ist jetzt schon gelaufen. In der zweiten Halbzeit müssen wir aber wenigstens noch Kosmetikkorrektur betreiben.«

Michael Ballack

»Eine EM ist noch ausgeglichener besetzt als eine WM, weil bei einer WM auch Mannschaften vom anderen Kontingent sind.«

»Keiner verliert ungern.«

Michael Henke

»Erst mal möchte ich mich hier an dieser Stelle dafür entschuldigen. Das ist natürlich unentschuldbar, dass mir das rausgerutscht ist.«

»Ich genieße den Abstieg hier.«
(beim Abschied vom FC Bayern)

Michael Lüken

»Ich übergebe mich direkt an unseren Trainer Ramon Berndroth.«

Michael Lusch

»Ich kann mich an kein Spiel erinnern, beim dem so viele Spieler mit der Barriere vom Platz getragen wurden.«

Michael Meier

»Ich habe Herrn Assauer nie als ›Kaschmirproleten‹ bezeichnet. Ich habe Herrn Assauer ›Kaschmirhooligan‹ genannt.«

»Sie können mir nicht absprechen, dass ich ohne Konzept eingekauft hätte.«

Michael Preetz

»Wir haben zurzeit in der Abwehr einen negativen Lauf. Zurzeit ist fast jeder Treffer drin.«

Michael Skibbe

»Ich bin immer offen für Kritik, nur, sie muss konstruktivistisch sein.«

»Wir werden uns bemühen, zur Weltmeisterschaft zu wollen.«

Michael Steinbrecher

»Die erste Halbzeit zerfällt in zwei Hälften: Die erste Hälfte dominierten die Rumänen und die zweite Hälfte die Rumänen.«

Michael Tarnat

»Ich will an meinem rechten Fuß feilen.«

Michael Wiese

»Der Ball, das unbekannte Wesen.«

»Wolfsburg hat die letzten drei Heimspiele verloren zu Hause.«

Michel Platini

»Die wichtigste Aufgabe ist es, den Fußball zu verteidigen. Er hat die Tendenz, ein Produkt zu werden, dabei müsste er ein Spiel bleiben.«

»Wenn die Deutschen gut spielen, dann werden sie Weltmeister, wenn sie schlecht spielen, dann kommen sie ins Finale!«

Mike Hanke

»Wir haben mit offenen Karten geredet.«

Mike Krüger

»Ein wirklich ernsthaftes Gespräch unter Männern dauert eine Viertelstunde. Danach beginnt die 2. Halbzeit.«

Mirko Slomka

»Wenn ich einen Nagel in die Wand haue, um ein Bild aufzuhängen, dann aber merke, dass es nicht passt, dann kann ich den Nagel wieder rausziehen, aber das Loch bleibt.«

Miroslav Klose

»Die Ballverwertungshaltung war nicht da.«

»Es war sehr schmerzvoll, aber ich habe kaum etwas gespürt.«

Miroslav Stevic

»Ich bin ein vollblutiger Profi.«

Nevio Scala

»Das Tor ist ein Problem, das jede Mannschaft hat.«

Norbert Dickel

»Der ist mit allen Abwassern gewaschen.«

Norbert Pflippen

»Im Übrigen vermarkte ich lieber Frauen. Die haben zwei Vorteile: Sie wissen was Geld ist und sie können keine Spielerfrauen heiraten.«

»Seitdem Uwe Rahn aus Gladbach weg ist, spielt er wie ein arbeitsloser Lehrer. Er hat keine Klasse mehr.«

Olaf Thon

»Ich habe ihn nur ganz leicht retuschiert.«

»Ich sehe einen positiven Trend: Tiefer kann es nicht mehr gehen.«

»In erster Linie stehe ich voll hinter dem Trainer, in zweiter Linie hat er recht.«

»Ja gut, ich sach mal: Woran hat's gelegen? Das ist natürlich die Frage, und ich sage einfach mal: Das fragt man sich nachher natürlich immer.«

»Man darf das Spiel doch nicht so schlecht reden wie es wirklich war.«

»Man soll auch die anderen Mannschaften nicht unter dem Teppich kehren lassen.«

»Wir lassen uns nicht nervös machen, und das geben wir auch nicht zu.«

»Wir spielen hinten Mann gegen Mann, und ich spiel' gegen den Mann.«

»Wir sprechen hier von '88. Das sind 13 Jahre her.«
(ausgesprochen am 21.02.2003)

Oliver Bierhoff

»Seine einzige Schwäche ist die Kopfballstärke.«

»Als Deutschland muss man gegen Finnland gewinnen.«

»Meine Aufgabe ist es, Stimmungen aufzufangen und dem Trainer und dem DFB weiterzugeben.«

Oliver Kahn

»Darüber muss sich jeder Einzelne ein Urteil machen.
Ich mache das jedenfalls nicht.«
(auf die Frage, ob ein Tor auf seine Kappe gegangen sei)

»Die Holländer sind vorne vom Feinsten bestückt.«

»Die Karten sind neu gewürfelt.«

»Eier, Eier. Wir brauchen Eier, wenn sie verstehen was ich meine.«
(nach einer Niederlage auf Schalke darauf, was seiner Mannschaft fehle)

»Ich rotiere höchstens, wenn ich Opfer des Rotationsprinzips werde.«

»Ich war das erste Mal Kapitän, da muss man einfach ein Tor machen.«
(zu seinem Eigentor beim Länderspiel gegen Israel)

»Interviews von mir nach dem Spiel haben eine bedingte Zurechnungsfähigkeit.«

»Irgendwann mal wieder gewinnen, und das versuchen wir zu probieren.«

»Jeder Gegentreffer ist für mich eine Beleidigung.«

»Wir haben das Kapitel Nationalmannschaft endgültig auf den Grund gefahren.«

»Wir haben heute in Adrenalin gebadet.«

»Wir haben von 90 Minuten 95 auf ein Tor gespielt. Was soll man da kritisieren?«

»Wir treten nicht an, um ein Tor zu schießen, wir wollen das Spiel gewinnen.«

Oliver Koch

»In Leverkusen schielen heute alle auch mit den Ohren nach Bochum.«

Oliver Reck

»Ich war schon als kleiner Junge immer groß.«

»Zu meiner Frau habe ich ein Vater-Sohn-Verhältnis.«

Oskar Klose

»Die Bayern spielen völlig kopflos. Sie wollen mit dem Kopf durch die Wand.«

Ottmar Hitzfeld

»Die Meisterschaft ist nie ein Selbstläufer, dahinter steckt immer viel Arbeit. Sonst müsste Real Madrid jedes Jahr Deutscher Meister werden.«

»Er kam in die Kabine und hat der Mannschaft mal so richtig die Leviten geblasen.«

»Es spielen nicht immer die elf Besten, sondern die besten Elf.«

»Dortmund hat große Klasse und ist zu Hause sehr heimstark.«

»Von der Anzahl her hatten wir mehr Chancen.«

Otto Rehhagel

»Als wir heute aus der Sackgasse raus wollten, war der Sack leider schon zu.«

»Der Wahrheit die Ehre zu geben – das heißt noch lange nicht, sie auch zu sagen ...«

»Die Entscheidungen, die ich treffe, sind immer richtig.«

»Die von der südlichen Halbkugel, also die mit dem braunhäutigen Blut ...«

»Die Wahrheit liegt auf dem Platz.«

»Einmal, im Jahr 2004, hat es ein Wunder gegeben. Ein Wunder geschieht aber nur alle 30 Jahre, nicht alle 14 Tage. Sonst wäre es kein Wunder.«

»Geld schießt keine Tore.«

»Heute ist es leider so, dass die Berater ihren Jungs sagen: ›Ich mach aus dir einen Millionär‹. Sie sagen leider nicht: ›Ich mach aus dir einen guten Fußballer‹.«

»Ich bin ein Kind der Bundesliga. Das gibt sogar meine Mutter zu.«

»Ich bleibe Optimist. Ich hänge mich wirklich erst auf, wenn alle Stricke reißen.«

»Ich brauche Spieler, die am Ball besser sind als am Mikro.«

»In diesem Geschäft gibt es nur eine Wahrheit: Der Ball muss ins Tor.«

»Jeder kann sagen, was ich will.«

»Jetzt müssen wir gegen Stuttgart gewinnen. Ob wir wollen oder nicht.«

»Leichte Bälle zu halten ist einfach. Schwierige Bälle zu halten ist immer schwierig.«

»Mal verliert man und mal gewinnen die anderen.«

»Mein Freund Jürgen Flimm wohnt in Hamburg-Blankenese, und dann schauen wir raus und träumen davon, dass noch einmal ein Schiff kommt und uns mitnimmt.«

»Mit 50 bist du als Fußballtrainer reif für die Klapsmühle. Wenn du genug Geld verdient hast, kannst du wenigstens erster Klasse liegen!«

»Wenn ich heute fünf Talente einbaue und mehrere Spiele hintereinander verliere, dann lassen die Leute an den Blumen, die sie mir zuwerfen, plötzlich die Töpfe dran.«

»Wenn ich heute Kapitän bin und das Schiff sinkt, alle müssen helfen, dann kann doch der Koch nicht kommen und sagen: ›Ich kann nur die Bratpfanne halten‹.«

»Wir spielen am besten, wenn der Gegner nicht da ist.«

Pal Csernai

»Konkurrenz macht Ärger, aber vor allem flinke Beine.«

Pascal Castillo

»Klar, dieses Verhalten ist inakzeptabel. Aber das muss man akzeptieren.«

Paul Breitner

»Da kam dann das Elfmeterschießen. Wir hatten alle die Hosen voll, aber bei mir lief's ganz flüssig.«

»Ich habe nur immer meinen Finger in Wunden gelegt, die sonst unter den Tisch gekehrt worden wären.«

»Marcio Amoroso ist der Prototyp des Spielers, der nach einem 1:10 höchst zufrieden nach Hause geht, weil er das einzige Tor geschossen hat.«

»Sie sollen nicht glauben, dass sie Brasilianer sind, nur weil sie aus Brasilien kommen.«

»Schreiben ist eigentlich einfach. Die Schwierigkeit besteht lediglich im Formulieren.«

»Wir suchen krankhaft einen neuen Libero.«

Paul Gascoigne

»Ich mache nie Voraussagen und werde das auch niemals tun.«

Pavel Dotchev

»Uns fehlte heute die Frischigkeit.«

Pelé

»Ich denke, dass Deutschland, Frankreich, Spanien, Holland und England im Halbfinale auf Brasilien treffen werden.«

Peter Handke

»Wie alles, was rund ist, ist auch der Fußball ein Sinnbild für das Ungewisse, für das Glück und die Zukunft.«

Peter Neururer

»Die Stimmung ist eigentlich wie vor dem Spiel. Mit dem kleinen Unterschied, dass wir aus dieser äußerst großen Minimalchance, minimaler geht's gar nicht mehr, eine etwas kleinere gemacht haben, die größer geworden ist.«

»Ich habe früher auch die großen Philosophen gelesen. Doch dann habe ich gemerkt, dass die von meinem normalen Denken absolut abweichen. Jetzt lese ich nur noch Fußballfachbücher.«

»In den ersten Minuten konnte man exakt sehen, was wir vorhatten.«
(nach einer 1:4-Niederlage)

»Seine Fußballintelligenz war sensationell, aber vom normalen Intellekt: katastrophal. Der hat gehupt, wenn er gegen einen Baum gefahren ist.«

»Sowohl als auch. Einer, der auf Abseits gespielt hat, hat gepennt.«
(auf die Frage ›Haben die da auf Abseits gespielt oder gepennt?‹)

»Wäre es kälter gewesen, wär' vielleicht einer von ihnen am Boden festgefroren.«

»Wenn wir ein Quiz machen würden unter den Trainern in Deutschland, wer am meisten Ahnung hat von Trainingslehre, Psychologie, und der Trainer mit den besten Ergebnissen kriegt den besten Club, dann wäre ich bald bei Real Madrid.«

»Wir fahren hin, hau'n die weg und fahren wieder zurück.«

»Wir sind 2005 noch ungeschlagen.«
(nach einem 2:2 zum Rückrundenstart)

»Wir waren alle vorher überzeugt davon, dass wir das Spiel gewinnen. So war auch das Auftreten meiner Mannschaft, zumindest in den ersten zweieinhalb Minuten.«

Peter Pacult

»Der Junge hat Sachen im Kopf, die einfach aus dem Bauch herauskommen.«

»Ja, der FC Tirol hat eine Obduktion auf mich.«

Peter Radenkovic

»Ball ist nämlich nicht gleich Ball.«

Peter Reid

»Wenn man sich beim Fußball nicht weiterentwickelt, entwickelt man sich zurück.«

Peter Ustinov

»Fußball beherrscht den Teil im Hirn des Mannes, der sich weigert, erwachsen zu werden.«

Peter Withe

»Beide Mannschaften haben viele Tore erzielt. Und beide Mannschaften haben viele Tore kassiert.«

Pierre Littbarski

»Ich würde uns durchaus mit Bayern München vergleichen. Nur, dass wir die Tore kassieren, die die schießen.«

»In der ersten Halbzeit haben wir ganz gut gespielt, in der zweiten fehlte uns die Kontinu ... äh, Kontuni ..., ach scheiß Fremdwörter: Wir waren nicht beständig genug.«

»Lieber ein Ende mit Schrecken als ein Schrecken mit Ende.«

»Wenn wir so weitermachen, können wir vielleicht auch da wieder anknüpfen, wo wir eigentlich hinwollen.«

Plakataufschrift

»An Gott kommt keiner vorbei, außer Stan Libuda.«

Prof. Dr. Ingo Böbel

»Es gibt Dinge im Fußball, wenn die zur Sprache kommen, dann hat, bitteschön und gefälligst, auch die eigene Ehefrau leise, aber entschieden die Tür von draußen zuzumachen.«

Raimund Aumann

»Ich lag beim Schuss in der falschen Ecke. Da liegen Sie völlig richtig.«

Rainer Adrion

»Das Spiel war ausgeglichen – auf beiden Seiten.«

Rainer Bonhof

»Wir müssen die Basis fundieren.«

Rainer Calmund

»Bei Franz Beckenbauer sagen alle: Du bist der Kaiser. Auf dich hören sie. Du machst nichts falsch, und wenn du etwas falsch machst, sagen alle, das war richtig.«

»Berti Vogts ist die arme Sau, die von den Medien durchs Dorf getrieben wird.«

»Das Trainerthema ist bei uns pasta.«

»Der krempelt die Arme hoch.«

»Die italienischen Vereine sagen mir: Von der Ablösesumme für Emerson könnt ihr euch doch zwei Spieler kaufen. Ich antworte denen dann immer: Dann kauft euch die doch selbst.«

»Im Fußball ist es wie im Eiskunstlauf – wer die meisten Tore schießt, der gewinnt.«

»Jetzt stehen die Chancen 50:50 oder sogar 60:60.«

»Mann Willi, Du siehst ja echt aus, als sei ne Hungersnot ausgebrochen.«
(zu Willi Lemke; darauf Lemke: ›Und Du siehst so aus, als seist Du schuld
daran.‹)

»Mir ist ein Felsen vom Körper gefallen.«

»Okay, wir sind jetzt Tabellenführer, aber deswegen wollen wir nicht den
roten Teppich ausrollen, mit Blümchen schmeißen, die Blaskapelle
bestellen und Autogramme abholen.«

»Rudi Völler wird weiterhin unsere Infrastruktur samt Sekretärin nutzen
können.« (nach Völlers Wechsel zum DFB)

»Unter den Einäugigen ist der Dreibeinige der König.«

»Wir haben den größten Worst Case verhindert.«

»Wir sind mit zwei blauen Augen davongekommen.«

Ralf Itzel

»Die heimischen Spieler werden von ihren Fans mit einem gähnenden
Pfeifkonzert in die Halbzeit verabschiedet.«

Ralf Rangnick

»Sie dürfen heute feiern, aber im nicht-exzessiven Bereich.«

»Uns haben teilweise Zentimeter gefehlt, teilweise aber auch die
Präzision.«

»Unser Zwei- bzw. Dreikampfverhalten war ungenügend.«

»Von der B-Note haben wir klar gewonnen, aber wir sind in Schönheit
gestorben.«

Ralf Weber

»Gegen Rostock war es unsere letzte, in Freiburg wird es unsere allerletzte
Chance sein.«

Raphael Schäfer

»Das Ziel ist der einstellige Tabellenplatz. Das fängt bei 1 an und hört bei 9 auf.«

Rayk Schröder

»Die Gegentore waren nicht unbedingt glücklich.«

Reinhard Häfner

»Ich muss mal eines ganz deutlich sagen: Meister wird derjenige Verein, der am Ende vorn steht. Und bei der Meinung bleibe ich!«

Reinhard Saftig

»Auf die Einstellung kommt es an, nicht auf die Aufstellung.«

»Mit der Zunge darf man schon einmal ins Fettnäpfchen treten. Nur nicht allzu oft mit dem Fuß.«

Reinhold Beckmann

»Der Ball war lange in der Luft, nicht nur in unserer Zeitlupe.«

»Wenn man steil von hier oben auf das Spielfeld herunter blickt, sieht man sehr schön die beiden unterschiedlichen Systeme: 3-5-1 bei der Türkei und 4-5-1 die Portugiesen.«

Reinhold Fanz

»Wenn man keine Tore macht, ist's ganz schwer, ein Spiel zu gewinnen.«

René Hiepen

»Bundesliga ohne Gladbach ist wie Otto ohne Beate.«

»Das war ein Schubser. Aber kein Strafstoß, sondern ein Elfmeter.«

»Und da die Abseitsregel lautet, im Vorteil für den Angreifer, hätte man dieses Abseits nicht pfeifen müssen.«

René Rydlewicz

»Ich hab mir überlegt, in Bochum vorm Tor habe ich zu lange überlegt, und ich habe mir heute überlegt, nicht zu überlegen … Ja, so ist das. Wenn man was im Kopf hätte, wär man schließlich kein Fußballer geworden …«

Richard Golz

»Ich habe nie an unserer Chancenlosigkeit gezweifelt.«

»Praktisch sind unsere Chancen jetzt besser als theoretisch.«

Robert Hoene

»Wenn wir aus den nächsten drei Spielen zehn Punkte holen sind wir durch!«

Robert Lembke

»Eines der Probleme beim Fußball ist, dass die einzigen Leute, die wissen, wie man spielen müsste, auf der Pressetribüne sitzen.«

Robert Schwan

»Da wollte ich einem Spieler das Gehalt um ein Viertel erhöhen, doch er sagte, das kommt gar nicht in die Tüte. Er wollte mindestens ein Fünftel haben.«

Robert Seeger

»Das ist ein absolutes Novikum.«

»Der Ball geht ins Seitenout – und es gibt Eckball.«

»Die Bulgaren wärmen bereits einen Spieler auf.«

»Er hat deutlich nur den Fuß gespielt.«

»Jetzt brauchen die Italiener ein Riesen-Quäntchen Glück, wenn sie noch aufsteigen wollen.«

»Sturm versucht vielleicht noch den ein oder anderen Treffer zu erzielen, aber das wäre jetzt auch nur mehr Manufaktur.«

Robert Wieschemann

»Wir haben Defizite im Durchblick – alle!«

Roland Kirchler

»Geld spielt eben nicht Fußball.«

Roland Schmider

»Für uns war die Trainerfrage nie eine Trainerfrage.«

Roland Wohlfahrt

»Zwei Chancen, ein Tor – das nenne ich hundertprozentige Chancenauswertung.«

Rolf Rainer Gecks

»Die Stimmung ist riesig, wenn die Amateure auf die Bundesliga treten.«

Rolf Rüssmann

»Wenn wir hier nicht gewinnen, dann treten wir ihnen wenigstens den Rasen kaputt.«

Rolf Töpperwien

»Da, wo Basler hin gespielt hat, steht er normalerweise selbst.«

»Die Duisburger wirkten wie parallelisiert.«

»Dies ist überlebensnotwichtig für den Verein.«

»Möller hat die Ärmel hochgekrempelt, ein sichtbares Zeichen des Wollens.«

»Wir sollten alle den Calli mal umarmen ... oder es zumindest versuchen.«

Roman Wallner

»Einige von uns haben dann um vier Prozent oder mehr weniger gegeben.«

Ron Atkinson

»Ich denke, das war ein Moment gelassener Panik.«

»Ich wage mal eine Prognose: Es könnte so oder so ausgehen.«

»Nun, beide Teams können gewinnen. Oder es geht unentschieden aus.«

Ron Greenwood

»Hoddle war heute nicht der Hoddle wie wir ihn sonst kennen – und Robson auch nicht.«

Ronald Koeman

»Die deutschen Spieler hören erst dann auf zu kämpfen, wenn sie im Bus sitzen.«

Roy Makaay

»Ein Ball ist für beide Mannschaften das Gleiche.«

Roy Präger

»Jetzt kommt es darauf an, dass wir die entscheidenden Punkte gegen den Nicht-Abstieg sammeln.«

»Nach der Pause haben wir den Rhythmus verloren, den wir vorher nicht gefunden hatten.«

Rudi Assauer

»Das war ein Schritt zurück, aber kein Rückschlag.«

»Das Wort ›mental‹ gab es zu meiner Zeit als Fußballspieler noch gar nicht. Nur eine Zahnpasta, die so ähnlich hieß.«

»Die einvernehmliche Trennung ist erfolgt, nachdem ich gesagt habe, wir machen nicht weiter.« (zur Entlassung von Frank Neubarth)

»Entweder ich schaffe Schalke oder Schalke schafft mich.«

»Es war schwierig, heute Fußball zu spielen, und wir haben trotzdem nicht gut gespielt, trotzdem der Gegner alles versucht hat, es zu verhindern.«

»Heute herrscht schweigende Stille.«

»In der Nacht von Samstag auf Montag.«
(wann die Entscheidung zur Entlassung von Frank Neubarth gefallen sei)

»Über Trainer rede ich nicht in der Öffentlichkeit. Es sei denn, ich stelle einen ein oder schmeiße ihn raus.«

»Wenn Schalke Meister würde, dann läuten im ganzen Revier die Glocken.«

»Wir haben den Schriftzug in unserem Vereinslogo in ›Hosenscheißer 04‹ geändert. Wir konnten ein großes Sponsoring-Paket mit einer Windelfirma schnüren.«

Rudi Cerne

»Letztes Mal drei Treffer: zwei unten und zwei oben.«
(im Aktuellen Sportstudio beim Torwandschießen)

»Das 2:0 in der 65. Minute war dann auch der Halbzeitstand.«

Rudi Brückner

»Die Zunge ist gut organisiert bei Lothar Matthäus.«

Rudi Kröner

»Wir haben heute ein neues System kreiert: vorne zu- und hinten aufgemacht.«

Rudi Völler

»Als Stürmer darf man keine Nerven zeigen. Aber keine Nerven zu haben, das kostet ganz schön Nerven.«

»Beim Fußball spricht sich sehr schnell herum: Strauchle einmal, das zweite Mal hast du eine Philosophie des Strauchelns.«

»Christoph Daum freut sich riesig, dass wir hier heute gewonnen haben. Das hat er mir auch im Vorfeld gesagt.«

»Danke an das hannoveranische Publikum.«

»Dieses Spiel hat überhaupt keine Rückschlüsse gezogen.«

»Er hat's dann nochmal versucht, zu probieren.«

»Es gibt keine Kleinen mehr.«

»Grundsätzlich muss man sich überlegen, ob man dann weitermacht. Aber ich lasse mir da Zeit, ich denke da kurzfristig.«
(nach dem 1:5 gegen England)

»Ich habe versucht, den Spielern das Gefühl zu geben, dass sie Fehler machen dürfen. Das haben sie bis auf wenige Ausnahmen gut gemacht.«

»Ich hatte das Gefühl, dass durch die WM im eigenen Land es nur jemand machen kann, der unbefleckt ist.«

»Ja gut, der arbeitet von morgens bis abends. Ja gut, sowas nennt man im Volksmund glaube ich Alcoholic.« (über Reiner Calmund)

»Ja sicherlich waren die Irländer der erwartet starke Gegner.«

»Klar, ich hätte auch Nein sagen können. Doch ich konnte nicht.«
(über seinen neuen Job beim AS Rom)

»Man darf ihn jetzt nicht übers Knie brechen.«

»Was meine Frisur betrifft, da bin ich Realist.«

»Wie so oft liegt auch hier die Mitte in der Wahrheit.«

»Zu 50 Prozent stehen wir im Viertelfinale, aber die halbe Miete ist das noch lange nicht.«

Rui Costa

»Zum Glück hatten wir Glück.«

Ruud Gullit

»Wir haben 99 Prozent des Spiels beherrscht. Die übrigen 3 Prozent waren Schuld daran, dass wir verloren haben.«

Ruud van Nistelrooy

»Wir haben uns den Elfmeterpunkt im Training genau angesehen.«
(über die Vorbereitung auf ein EM-Elfmeterschießen)

Sabine Töpperwien

»Da ärgert er sich wie ein Schneekönig.«

»Die Flanke kommt auf den Fünfmeterpunkt.«

»Er wird nun ausgewechselt, da er sehr stark platzverdächtig gefährdet war.«

»Und da stehen sie rum, die Abwehrspieler von Bayer Leverkusen, wie Pik Sieben, wie von der Tarantel gestochen.«

»Wie Statisten ausgerechnet haben …«

Sammy Drechsel

»Rudi Sturz, gerade ausgewechselt, schießt in der 90. Minute das 2:0.«

Sascha Rufer

»Stancovic hat die Zukunft noch vor sich.«

Sean Dundee

»Ich bleibe auf jeden Fall wahrscheinlich beim KSC.«

Sebastian Deisler

»Ich hoffe, dass dieses Spiel nicht mein einziges Debüt bleibt.«

Sebastian Schweinsteiger

»Wir haben leider kein Tor gemacht, sonst wäre das Spiel auch anders ausgegangen.«

Sepp Herberger

»Auch die Trainer ernten Lorbeer, aber säen müssen ihn elf Mann auf dem Rasen.«

»Das nächste Spiel ist immer das schwerste.«

»Das Runde muss ins Eckige.«

»Das Spiel dauert 90 Minuten.«

»Der Ball ist rund.«

»Der schnellste Spieler ist der Ball.«

»Die annere kenne aach kicke.«

»Die Leute gehen zum Fußball, weil sie nicht wissen, wie es ausgeht.«

»Eine Mannschaft ist immer so gut wie die Stimmung auf der Bank.«

»Freilich muss ich Dummheiten verhindern. Aber doch nicht alle! Wer meint, er könne alle Dummheiten vorher wegtrainieren, der ist ein Dummkopf.«

»Manche Leute denken, wenn sie über das Denken sprechen, dächten sie schon.«

»Mit dem Kopf kommst du nur selten durch die gegnerische Verteidigung. Versuchs mal mit Köpfchen.«

»Nach dem Spiel ist vor dem Spiel.«

»Tore schießen und Tore verhindern – das ist die einzige Forderung.«

»Über die Größe entscheiden immer die letzten paar Zentimeter Kopf.«

»Wenn alle Vereine von Männern geführt würden, die eine Ahnung von Fußball hätten, ginge es dem Spiel besser. Trotzdem ist es so stark, dass es selbst die Dilettanten nicht kaputtmachen können.«

»Wer sich selbst keine Grube gräbt, fällt immerhin in eine Grube weniger.«

Sepp Maier

»Als er das Sakko kaufte, hat sogar der Blindenhund geknurrt.« (über Uli Stielike)

»Morgens um sieben ist die Welt noch in Dortmund.«

»Während dem Match ist es besser, man denkt an den Ball.«

»Wer gewinnen will, darf erst mal nicht verlieren.«

Slobodan Cendic

»Du kannst nichts dafür, du nicht. Ich bin der Idiot, der dich aufgestellt hat.«

Stefan Effenberg

»Auch wenn es eigentlich unmöglich ist, ist es noch möglich.«

»Die Situation ist aussichtslos, aber nicht kritisch.«

»Hier in Italien stehen schon zum Mittagessen Wein und Bier auf dem Tisch, nach dem Motto: Wenn du zwei Bälle siehst, triffst du wenigstens einen.«

»Ich bin der Albtraum aller Schwiegermütter.«

Stefan Engels

»Dazu möchte ich jetzt keine Stellungnahme nehmen.«

Stefan Kuntz

»Ja, wenn der Franz das sagt, dann stimmt das auch.«

Stefan Raab

»Oliver Kahn hat gesagt, bei Bayern fehlen die Eier. Das ist übrigens auch das größte Problem beim Frauenfußball.«

»Wir hatten eine hundertprozentige Chancenauswertung: null Chancen, null Tore!«

Stefan Reuter

»Beim Vergleich mit mir selber komme ich in den Kritiken immer am schlechtesten weg. Irgendwas stimmt da nicht.«

»Zur Schiedsrichterleistung will ich gar nichts sagen, aber das war eine Frechheit, was da gepfiffen wurde.«

»Zwei Blinde sehen auch nicht blinder als einer.«
(zum Vorschlag, künftig zwei Schiedsrichter einzusetzen)

Stefan Wessels

»Es ist nicht immer alles wahr, was stimmt.«

Steffen Baumgart

»Wir haben genügend Potenz für die Bundesliga.«

Steffen Bohl

»Erst gehen wir in Führung und dann machen wir kurz vor Schluss noch das dumme Gegentor zum Ausgleich.«

Steffen Simon

»Brügge ist ein wunderschönes, aber sehr, sehr kleines Städtchen mit 120.000 Einwohnern.«

»Unten raus hat Bremen oft Probleme mit der Luft.«

Steve Lomas

»Deutschland ist ein sehr schwer zu spielender Gegner … sie hatten heute 11 Nationalspieler auf dem Platz.«

Stuart Hall

»Das Spiel war das, was man draus macht.«

Terri Venables

»Bestimmte Leute sind für mich und andere stehen auf meiner Seite.«

»Ich denke, wenn die Geschichte sich wiederholt, können wir nochmal das Gleiche erwarten.«

Thierry Henry

»Manchmal muss man im Fußball auch mal ein Tor schießen.«

Thomas Berthold

»Schade, was sich auf dem Kopf des Trainers abgespielt hat.«

Thomas Brdaric

»Ich bin kein Spieler, der sich theatralisch fallen lässt.«
(nach einer eindeutigen Schwalbe)

»Ich habe nie die Verzweiflung verloren oder mich aufgegeben.«

Thomas Gulich

»Der Grund für die Entlassung ist mangelnde Erfolglosigkeit.«

Thomas Häßler

»Herzlichen Glückwunsch an Marco Kurz. Seine Frau ist zum zweiten Mal
Vater geworden.«

»Ich bin körperlich und physisch topfit.«

»In der Schule gab's für mich Höhen und Tiefen. Die Höhen waren der
Fußball.«

»Wenn man mir die Freude am Fußball nimmt, hört der Spaß bei mir auf.«

»Wir wollten in Bremen kein Gegentor kassieren. Das hat auch bis zum
Gegentor ganz gut geklappt.«

»Wir wurden leider nicht für unser Arrangement belohnt.«

Thomas Helmer

»Da muss dann auch mal einer die Hand ins Heft nehmen.«

»Das macht uns so unberechenbar.
Keiner weiß, wann er ausgewechselt wird.«
(über seine Auswechslung beim Pokalendspiel)

Thomas Hermann

»Die letzten zwei Heimspiele hat München 60 kein Tor gegen den VfL Bochum erzielt, heute schon zwei. Das ist eine Steigerung um 200 Prozent.«

»Ballack zeigt dem Icke die Psyche.«

»Bayer wartete mit spitzer Nadel wie ein Habicht auf seine Chance.«

»Jetzt kommt Luis Enrique, in Spanien weltbekannt.«

Thomas König

»Brasilianer waren sie noch nie, die Griechen.«

Thomas Koschwitz

»Wenn Fußballer durch den Verzicht auf Sex bessere Leistungen bringen würden, hätte die Betriebsmannschaft des Vatikans längst den Europapokal gewonnen.«

Thomas Linke

»Vielleicht liegt's an der geistigen Frische, dass Lyon heute geistig frischer war.«

Thomas Meggle

»Das war Not gegen Elend. Jetzt muss nur noch geklärt werden, wer was war.«

Thomas Strunz

»Alles andere als die Nicht-Meisterschaft wäre ja eine Katastrophe gewesen.«

»Diese wahnsinnigen Erwartungen in München, der ständige Druck – bei Bayern habe ich wirklich den Spaß am Fußball verloren.«

Thomas Wark

»Auch vor der Verlängerung kein Wechsel, vor allem nicht bei Schalke.«

»Das Fingerspitzengefühl des Schiedsrichters hat hier einmal richtig entschieden.«

Thomas Zampach

»Auch ein blinder Affe findet einmal eine Banane, aber wir finden momentan weder eine Banane noch ein Korn.«

Thorsten Legat

»Che Guevara war ein Rebell, ein Kämpfer für sein Land. Das will ich auch sein. Ich will den Schwachen helfen. Das ist im Fußball genauso, da muss man den schwachen Gegner auch aufbauen. Das ist so eine eigene Logik von mir, dazu will ich gar nicht viel sagen.«

»Die Bayern vertragen keine Härte, und ich bin der Erste, der anfängt damit.«

»Die hab ich noch nicht probiert, aber im Allgemeinen mag ich Geflügel.« (nach seinem Wechsel zum VfB Stuttgart auf die Frage, wie er denn Spätzle fände)

»Es war toll, es war klasse, es war wie ein Albtraum.«

»Ich glaube nicht, dass der Verein mir Steine in den Vertrag legt.«

»Unsere Chancen stehen 70:50.«

»Zum Glück habe ich nur eine Struktur.«
(nach einem Verdacht auf Beinbruch)

Till Thiele

»Seine Mannschaft ist mit einem Bein im Viertelfinale.«

Timo Hildebrand

»Gegen so einen defensiven Gegner ist es natürlich schwer, ein Tor zu entscheiden.«

Timo Konietzka

»Die beste Tarnung eines Trainers besteht darin, sich durchschauen zu lassen.«

Tom Tyrall

»Nach dem Abpfiff ist das Spiel vorbei.«

Tom Westerholt

»Die Bayern haben schon vier von zwölf Spielen verloren – also ein Viertel.«

Tomas Rosicky

»Fredi heute drei Tore geschissen.«

Toni Polster

»Es gibt Leute, die denken so, und es gibt Leute, die denken so. Das ist immer so, wenn viele Leute zusammenkommen.«

»Für mich gibt es nur ›entweder-oder‹. Also entweder voll oder ganz.«

»Ich habe es mir sehr genau überlegt und dann spontan zugesagt.«

»Man hetzt die Leute auf mit Tatsachen, die nicht der Wahrheit entsprechen.«

»Wenn du schon nicht gewinnen kannst, musst du wenigstens sehen, dass du nicht verlierst.«

Toni Schumacher

»Meine Maxime heißt: Den Ball halten.«

»Mir ist doch völlig gleichgültig, wer unter mir Bundestrainer ist.«

»Wenn du immer verlierst, ist jede Ästhetik im Eimer.«

»Wenn man seine Laufbahn beendet, stellt sich endgültig raus: Der Rest des Lebens, das ist der längere Teil.«

»Wir stecken zurzeit in einer Ergebniskrise.«

Torsten Frings

»Ich hatte einen Hals ohne Ende.«

Trevor Brooking

»Glücklicherweise war die Verletzung von Paul Scholes nicht so schlimm wie wir erst gehofft hatten.«

»Wenn du ein Tor oder weniger schießt, wirst du nicht jedes Spiel gewinnen.«

Udo Klug

»Wir brauchen keinen Trainer, wir brauchen einen Blindenhund.«

Udo Lattek

»Uli Hoeneß hat mal versucht, mir reinzureden. Da hab ich gesagt: ›Pass auf, Uli, geh du lieber in dein Büro zum Erbsenzählen und Geldschichten. Wenn du noch mal was auf der Bank sagst, fliegst du runter.‹ Da war das Thema erledigt.«

»Die Deckung hat Angst vor ihrem schwachen Torwart. Deshalb spielt sie so gut!«

»Die großen Trainer haben schließlich alle gesoffen: Weisweiler, Happel, Zebec. Und ich gehöre ja auch zu den Großen.«

»Es gibt Stunden, wo einem absolut nichts einfällt, aber es gibt Jahre, wo einem noch weit weniger einfällt.«

»Man muss den Fuß auf die Beine stellen.«

»Sie können ruhig etwas lauter nicken.«

»Sie spielen taktisch gut, obwohl sie ohne Taktik spielen.«

»Wenn in einem Verein mal der Haussegen schief hängt, solltest ein Trainer nicht versuchen, bedingungslos die Wände danach auszurichten.«

»Wunderbar, wie er seinen Körper zwischen sich und den Gegner schiebt.«

»Zukunft, das ist die Zeit, in der du bereust, dass du das, was du heute tun kannst, nicht getan hast.«

Uli Borowka

»Ihr seid nämlich auch die, die den Pokal gehören.«

Uli Hoeneß

»Das ist keine Band, das ist eine Bande.«
(über ›Die Toten Hosen‹ und deren Lied ›Bayern‹)

»Der Franz hat seine Meinung, ich habe meine und wir haben unsere.«

»Der soll hier herkommen und nicht ständig in Kalifornien rumtanzen und uns hier den Scheiß machen lassen.«
(über Bundestrainer Jürgen Klinsmann)

»Die Wahnsinnspreise zahlen wir sicherlich nicht, aber die mittleren Wahnsinnspreise könnte ich mir schon vorstellen.«

»Es ist nicht korrekt, einem verletzten Spieler eine Entscheidung mitzuteilen, die möglicherweise noch gar nicht gefallen ist.«

»Ich glaube nicht, dass wir das Spiel verloren hätten, wenn es 1:1 ausgegangen wäre.«

»Ich wünsche uns und dir alles Gute.«
(aus der Rede zum 53. Geburtstag Hitzfelds)

Uli Potofski

»Prima, das Duisburger Publikum, es unterstützt die eigene Mannschaft.«

Uli Stein

»Eigentlich ist es nur die Angst des Tormanns vor dem Elfmeterpfiff.«

»Gurkentruppe!«
(bezeichnete so das deutsche Team bei der WM 1986)

»Suppenkasper!«
(bezeichnete so Franz Beckenbauer bei der WM 1986 in Anspielung auf dessen frühere Werbetätigkeit für die Firma Knorr, woraufhin er vorzeitig nach Hause geschickt wurde)

Uli Stielike

»Dieses fehlende Gespräch hat uns eben gefehlt.«

»Ein Spiel gewinnt man am besten mit dem Konzept des Gegners.«

»Ich sehe in der Bundesliga Spieler, denen springt beim Stoppen der Ball weiter vom Fuß, als ich ihn jemals schießen konnte.«

»Schuld ist der Mangel der Quantität an Qualität.«

Umberto Eco

»Der Fußball ist einer der am weitesten verbreiteten religiösen Aberglauben unserer Zeit. Er ist heute das wirkliche Opium des Volkes.«

Uwe Bahn

»Die einzigen Techniker beim HSV vor der Ära von Trainer Pagelsdorf waren die Stadion-Elektriker.«

»Die fünf begleitet Andi Brehme seit seiner Schulzeit.«
(nachdem Kaiserslautern mehrmals fünf Gegentore hinnehmen musste)

Uwe Klimaschewski

»Ich bin etwas ruhiger geworden, werde auch nicht mehr den Platzwart beim Schusstraining an den Pfosten binden, wie damals in Homburg.«

»Meine Spieler sind Intellektuelle. Die haben Maos Tod letzte Woche noch nicht verkraftet.«

»Unsere Spieler können 50-Meter-Pässe spielen: fünf Meter weit und 45 Meter hoch.«

»Weitere Fragen kann ich nicht beantworten. Ich muss jetzt zu meinen Spielern. Die sind so blind, dass sie den Weg von der Kabine zum Bus nicht finden.«

Uwe Morawe

»Das macht er wie ein alter Hase. Kein Wunder! Er ist ein alter Hase.«

»Die Finte angetäuscht.«

Uwe Rapolder

»Ich habe kaum drei echte Abwehrspieler, da kann ich ja nicht mit einer Viererkette spielen.«

»Man muss sehen, dass es verschiedene Körperteile gibt. Es gibt Arme und Beine. Das muss man unterscheiden können.«

Uwe Reinders

»Ein Computer kann Augen und Gehirn einiger Schiedsrichter garantiert nicht ersetzen. Engstirnigkeit kann unmöglich simuliert werden.«

»Erst haben meine Spieler im Bus immer ›Micky Maus‹ gelesen, jetzt lesen sie ›Wie spare ich Steuern‹.«

»Ich sage meinen Spielern immer, sie sollen aufpassen, wenn die Journalisten kommen. Denn mit leerem Kopf spricht man nicht.«

»Was heißt, nur wer warten kann, kommt ans Ziel. Loslaufen muss er schon!«

Uwe Rösler

»Wir müssen offensiv spielen, mal mehr, mal weniger, mal gar nicht. Aber alles offensiv …«

Uwe Seeler

»Also, ein normales Foul ist für mich nicht unfair.«

»Das Geheimnis des Fußballs ist ja der Ball.«

»Die Werte habe ich von meinen Eltern mitbekommen. Besonders von meinem Vater und meiner Mutter.«

»Ein Mittelstürmer verbringt die meiste Zeit seines Lebens im Strafraum.«

»Erst wenn der Schiedsrichter abpfeift, ist das Spiel zu Ende oder gewonnen.«

»Ich bin dafür, jetzt erst mal mit der Relation im Dorf zu bleiben.«

Uwe Wegmann

»Der Trainer steht teilweise voll hinter mir.«

Valentin Herr

»Wir dürfen nun nach einem Sieg in Folge nicht wieder den Schlendrian anbrennen lassen.«

Vinnie Jones

»Gewinnen ist nicht so wichtig, solange man gewinnt.«

Volker Finke

»Es ist bei mir nicht so, dass ich ins Tal der Tränen ausbreche.«

»Ich habe zwei verschiedene Halbzeiten gesehen.«

Volker G. Schmitz

»Der Mensch stammt nicht vom Effe ab.«

»Ich verstehe nicht, was da im Irak vor sich geht. Mir fehlt einfach die Zusammenfassung von Delling und Netzer.«

Volker Pispers

»Der Fußballer ist der Beweis, dass man es ohne ein Gramm Hirn zu einem Ferrari bringen kann.«

Waldemar Hartmann

»Also: Alles Kaffesatzrühren hat jetzt ein Ende.«

»Der FC Bayern ist ein Verein von internationaler Weltbedeutung.«

»Guten Abend, meine Damen und Herren, und – bonne noir.«

»Halb stürzte er, halb fiel er hin.«

»Hätten Sie das Spiel gern gewonnen?«
(zu Schalke-Coach Heynckes nach dem 2:2 im Derby gegen den BVB)

»Nun ist ›Druck‹ ja ein Verb, das im Fußball sehr häufig verwendet wird.«

»Wir haben noch ein paar Nachrichten, die ich ihnen aus dem Bauch
nahebringe.«

Walter Schachner

»Der Spielverlauf wäre ganz anders verlaufen. Das war eine
Spielverzerrung.«
(bezugnehmend auf eine strittige Schiedsrichterentscheidung)

»Wie das halt so ist: Jede Statistik geht einmal zu Ende.«

Werner Hansch

»Borel, der junge Torwart, 1 Meter 91 ist er alt.«

»Da bellten jetzt die Blindenhunde im Umkreis von 10 km.«
(kommentiert eine Fehlentscheidung des Schiedsrichters)

»Da hat doch jetzt tatsächlich einer eine zusätzliche
Flasche aufs Spielfeld geworfen.«
(nachdem bei einem Spiel ein Zuschauer mit einer Bierflasche warf)

»Da hatten sie starke 10 Minuten zwischen der 65. und 70. Minute.«

»Das ist doch alles der größte Blödsinn, das wird doch alles nur immer
wieder von den Medien reindementiert.«

»Das war ein trockener saftiger Flachschuss.«

»Der Vorstand steht wie ein Mann hinter ihm, ist aber jederzeit bereit, an
die Seite zu treten, um ihn nicht beim freien Fall zu behindern.«

»Diese Mannschaft ist, nun, ich will nicht sagen tot, aber leblos.«

»Ein Tor, mit dem niemand rechnen konnte. Es lag nicht in der Luft.«

»Es war ein Sandwichspiel. Ein frühes und ein spätes Tor, dazwischen viel Gehacktes.«

»Ich glaube, sein Problem liegt zwischen den Ohren.«
(über Uwe Leifeld, nachdem dieser mehrere Chancen vergeben hatte)

»In diesem Fall war der Schöne das Biest.«
(zu einem Foul von David Beckham)

»Ja, Statistiken. Aber welche Statistik stimmt schon? Nach der Statistik ist jeder vierte Mensch ein Chinese, aber hier spielt gar kein Chinese mit.«

»Man kennt das doch: Der Trainer kann noch so viel warnen, aber im Kopf jedes Spielers sind zehn Prozent weniger vorhanden, und bei elf Mann sind das schon 110 Prozent.«

»Nein, liebe Zuschauer, das ist keine Zeitlupe, der läuft wirklich so langsam.«

»Romeo. Der wirkt auf mich bisher wie ein Bahnhof ohne Gleisanschluss.«

»Sein Schweigen wird lauter.«

»So viel Gefühl im Fuß haben viele nicht mal an den Haarspitzen.«

»Wenn das keine Chance war, dann war es zumindest eine große Möglichkeit.«

»Wer hinten so offen ist, kann nicht ganz dicht sein.«

Werner Lorant

»Da haben beide gezogen. Das kann ich einmal so entscheiden und einmal so entscheiden, aber darf es nie so entscheiden.«

»Vieles was darin geschrieben wurde, ist auch wahr.«
(über sein Buch ›Eine beinharte Story‹)

Werner Schneyder

»Zu spielen: noch eine halbe Stunde, sogar noch etwas drüber, also noch 15 Minuten.«

Werner Zimmer

»Das bedeutet, dass der Zuschauerschnitt unterboten wurde, und zwar negativ.«

»Ich habe dieses Spiel mit einem Auge gesehen. Mit dem anderen war ich in Berlin.«

Wilfried Mohren

»Auch die Schiedsrichterassistenten an der Linie haben heute ganz ordentlich gepfiffen.«

»Da wird Handspiel repariert.«

»Das klingt doch sehr zuversichtlich aus den Mundwinkeln von Holger Gehrke.«

»Die Spieler haben einen Blick für Spielübersicht.«

»Heinrich verletzt den Platz.«

»Sie mussten heftiglichst umbauen auf dem Weg zur Qualifikation einer sattelfesten Abwehr.«

»Was Sie hier sehen, ist möglicherweise die Antizipierung für das, was später kommt.«

»Wie auch immer es ausgehen mag, es war ein schwer erkämpfter Sieg für die Bayern.«

Wilhelm Neudecker

»Wir bemühen uns, Kapellmann zu verlängern.«

Willi Entenmann

»Keiner fragt, was man arbeitet, jeder schaut nur auf die Tabelle.«

Willy »Ente« Lippens

»Ich danke Sie!« (nachdem der Schiri gelb zeigte und sagte ›Ich verwarne Ihnen!‹; daraufhin zeigt der Schiri rot)

»Ich habe nie eine Torchance überhastet vergeben. Lieber habe ich sie vertändelt.«

Winfried Schäfer

»Das ist zwar Gequatsche, aber es bewahrheitet sich immer wieder: Es gibt einen Gott im Fußball!«

»Die sprechen Englisch. Zum Teil alle.«

Wolf-Dieter Poschmann

»Schalten wir rüber zum SV Schalke.«

»Wir erinnern uns: Gegen Portugal gab es schon mühevolle Unentschieden- und Remis-Spiele.«

Wolfgang Fuss

»Moussa Latoundji – wie stellt der sich vor? ›Ick bin ein Beniner‹.«

Wolfgang Kleff

»Wissen Sie, warum Sepp Maier keine Hunde mag? Die machen immer Kleff-Kleff.«

Wolfgang Ley

»Das Spiel von di Livio läuft wie geschmiert.«

»Foul von … na wer wohl? Von Fouler!«

»Häßler verliert das Kopfballduell. Das musste ja mal so kommen.«

Wolfgang Rolff

»Ich mache mir keine Sorgen. Warum soll ich die mir machen? Ich habe doch schon genug.«

Wolfgang Wolf

»Das einzige Manko war, dass wir am Schluss den Sack nicht zugemacht haben.«

»Da war ich ein Gegner dagegen.«

»Ich war als Gegner schon immer dagegen.«

»Wir haben unsere Fans heute endlich einmal mit Toren verdient.«

Wolfram Esser

»Das Spiel ist zu weit, zu eng.«

Wolfram Wuttke

»Gar nicht so unübel, was der Ernst Happel über mich gesagt hat: ›Zauberer am Ball, Gassenjunge im Kopf‹.«

Wynton Rufer

»Eines Tages dachte ich, als Christ mit dem Fußballspielen aufhören zu müssen. Da zeigte mir ein Freund den Vers in der Bibel, der da lautet: ›Jeder von Euch, Brüder, soll an dem Platz bleiben, an dem er war, als Gott ihn rief, und er soll diesen Platz so ausfüllen, wie Gott es gefällt‹.«
(1. Korinther 7,24)

Youri Mulder

»Wir sind heute mit aufgehobenen Köpfen wieder raus gegangen.«

Yves Eigenrauch

»Fußball ist, wenn man in der Halbzeit für ein Würstchen in der Schlange stehen muss.«

Zoltan Sebescen

»Uns kann eigentlich keiner mehr schlagen, außer wir uns selbst. Daran arbeiten wir.«